STEM

閱亮點

邁向未來的
交通

著名科普作家
李偉才 著

擴闊 STEM 視野，
創造未來

過去百多二百年來，人類的知識出現爆炸性的增長，而由此帶來的科技進步，令人類的生活水平不斷提升。

但另一方面，從大瘟疫到氣候危機、從環境污染到能源短缺、從糧食生產到淡水資源問題、從生態崩潰到大滅絕、從基因改造到生物倫理、從貧富懸殊到老齡化、從恐怖主義到難民潮、從霸權主義到專制主義、從金融壟斷到經濟動盪、從大數據到網絡監控、從人工智能到殺手機械人、從貿易戰、金融戰、信息戰到核戰的威脅……今天的世界正面臨著種種巨大的挑戰。

但正如著名科學作家艾薩克・阿西莫夫 (Isaac Asimov) 所說：「即使知識帶來了種種問題，無知卻不是解決問題的方法。」

不錯，要解決問題，單是知識並不足夠，我們需要的是智慧、愛心和勇氣（儒家稱為「智、仁、勇」三達德）。可能大家都聽過：

- 數據不等於信息；
- 信息不等於知識；
- 知識不等於智慧。

但從另一個角度看，智慧是作出正確的抉擇，而正確的抉擇必須建基於正確的判斷，正確的判斷必須建基於正確的認識，而正確的認識必須來自嚴謹的科學探求。也就是說，科學和科學的應用（即科技）是解決世界當前問題的必要條件。

另一方面，物理學家開耳文（Lord Kelvin）則說：「若你能夠對所討論的事物作出量度並以數字來表示，你對這事物可說有點認識；相反，你若不能對它作出量度，並無法以數字來表示，表示你的認識只是十分膚淺而無法教人滿意。」伽利略（Galileo Galilei）更直截地說：「大自然這本書乃由數學的語言寫成。」故此數學是解開自然奧秘的鑰匙。

　　正是基於以上的信念，筆者與閱亮點合作，推出了《STEM視野》系列。這個系列與其他STEM讀物的最大不同之處，是除了強調**基於嚴謹數據的堅實知識**外，也強調**縱深的歷史考察和宏觀的全球視野**。我們深信，只有掌握了適當的視野，年輕人才可培養出所需的智慧，讓STEM（加上愛心和勇氣）為人類的福祉作出最大的貢獻。

序

有人說，文明的歷史便是一部交通史，這固然有誇大和以偏概全之嫌，但確也包含著一定道理。古人類學的研究顯示，現代人 (Homo sapiens) 的祖先在 7 萬年前離開非洲，至 1 萬年前左右便已遍布世界各大洲（除了南極洲）。也就是說，翻山越嶺和飄洋過海的衝動，很早便已深深植根於我們的基因。

自農業革命和文明崛興以來，交通技術不斷進步，並在文明擴張、經濟貿易和文化交流方面扮演著愈趨重要的角色。今天，我們的日常生活離不開日益發達的交通設施。隨著科技突飛猛進，無論在陸上、海上、空中甚至太空，交通技術正經歷巨大的變革。這些變革包含著什麼重大的主題？又將會如何影響我們未來的生活？本書將會以輕鬆簡明的形式和大家逐一探討。

請大家坐好，我們現在便啟程！

李偉才

2021 年 9 月 15 日

01

第一次交通革命
——因懶惰而起？

01

第一次交通革命 ——因懶惰而起？

從人腳到馬車

在人類絕大部分的歷史裡，唯一的「交通工具」便是自己的雙腿。

古人類學家的研究顯示，人類採取「直立行走」(bipedalism) 的運動模式，已有近四百萬年之久。不要小看這種模式。比起羚羊和獵豹的四足疾跑，短途而言我們自是瞠乎其後。但從較長途並且徐緩的速度而言，兩足行走所消耗的體能，可較四足行走節省達25%。在演化的路途上，導致直立行走出現的主因，可能是能夠看得更遠以避過周遭可能出現的危險，以及可以釋出雙手來攜帶物品等；但意外地，節省體力成為了一項可喜的收穫。

ⓜ 聚焦數學
人類最快的速度是多少？

　　人類在平地步行的速度大概為時速5公里，體能卓越的人可以維持十多小時。短跑好手疾跑時可達時速25公里，但只能維持數分鐘。著名的「馬拉松長跑競賽」(marathon) 已經十分接近人類的體能極限，在長時間的嚴格訓練下，最佳的紀錄是以2小時1分39秒跑畢全程42.195公里 (2018年紀錄)，即平均時速為21公里左右。

　　農業革命是人類文明之始，這個革命源自對植物的馴化 (domestication of plants)。而人類的第一次「交通革命」，則來自對動物的馴化 (domestication of animals)。

　　人類最先馴化的動物應該是狼，但狼成為家犬只能幫助打獵和守衛，無法用於載物和策騎。而主要作為食用和犁耕的牛隻，可能是首先用以負載的牲口。但真正導致革命性影響的，應該是馬的馴化 (約6,000年前，於中亞細亞的草原) 和稍後的駱駝的馴化 (差不多同一時間，在阿拉伯半島和非洲東北部)，以及後來的駱馬 (llama) 的馴化 (約5,000年前的南美洲)。

13

在數千年的文明中，人類策騎馬匹的速度便是我們可以達到的最高速度，這個速度短期可達時速 70 公里（駱駝是65公里）。當然這個速度大多只會在競賽或是戰陣中的追逐出現。在踱步時，馬的速度約為時速7公里。但不要小看這種速度，由於馬匹的負載能力很高（包括背負人和貨物），這種「載具」的出現，為人類文明帶來了深遠的影響。

另一項革命性的發展來自輪子的發明，或更準確地說是車軸的發明。

考古學家推斷，數千年前的先民，已懂得把多條近乎圓形的樹幹墊在重物之下，然後推動重物滾動前進（其間要把後方的

巨石陣是在英國梳士巴利平原（Salisbury Plain）上，以幾十塊大石堆建而成的圓狀古跡。

樹幹不斷調往前方），而好像建造埃及金字塔和英國「巨石陣」
(Stonehenge) 所用的巨石，就是這樣從遠處運來的。但這是一
種極其費勁和不方便的做法。輪子和車軸 (wheel & axle) 的發明
（約 6,000 年前的美索不達米亞），讓人類的運輸能力和活動範圍
大大提升。

　　將負載的牲畜和有輪的「車子」套在一起，便締造了人類史
上第一次「交通革命」。留意其間的一些輔助性發明亦起著關鍵
的作用，例如馬鐙 (stirrup) 令人類策馬時更穩定更易控制，也
可釋放雙手戰鬥；馬軛 (horse collar，又稱馬頸圈) 令馬不會被
勒頸窒息因而可以拉動更重的物品 (兩者都由中國發明)；馬蹄鐵
(horse-shoe) 可以減低馬蹄的磨損以便作更長途的旅程等。

海陸交通　開啟遠程貿易

　　這次交通革命的首要影響是「互通有無」的商貿活動 (trade
& commerce)。在以往，這類活動只能限於鄰近的部落和村莊，
但自從馬匹和駱駝的出現，延伸過百里甚至過千里的「遠程貿易」
(long-distance trade) 陸續出現。其中最著名的，是橫跨亞、歐
兩大洲並全長過萬公里的「絲綢之路」。不用說，這些貿易大大促
進了各地之間的文化交流，從而加快了文明的演進步伐。

此外，交通的發達更導致幅員廣闊的國邦成為可能。秦始皇統一中原後，便建立起以快馬接力來傳遞訊息的「驛站」網絡。他亦統一「度量衡」並制定了「車同軌、書同文」，即規定主要車道必須寬度一致以便利馬車通過，以及統一人們書寫的文字。羅馬帝國時期，戰車的輪距要劃一。往後兩千年，歐洲的馬車皆以此為標準。及至火車出現，輪距（軌距）亦以此為標準。

🔲 聚焦工程
火車軌的標準是甚麼？

標準軌（standard-gauge railway，又稱標準鐵軌）是指國際鐵路聯盟在1937年制定的1,435毫米（4呎8½吋）標準火車軌距。軌距比標準軌更寬的稱為「寬軌」，更窄的則稱為「窄軌」。世界上約60%鐵路的軌距屬標準軌。

馬匹（和駱駝）的出現改變了戰爭的面貌，並導致帝國的建立和擴張，其中最著名的，莫過於成吉思汗所建立的蒙古帝國。沒有馬匹的幫助，這個歷史上最龐大的帝國沒有可能出現。同樣，沒有了駱駝的幫助，穆罕默德所建立的阿拉伯帝國也是不可想像的。

以上是陸地上的交通，接下來讓我們看看不再「腳踏實地」的交通。由木伐至獨木舟再到正式的船隻，人類發明水上交通工具，最先應該只是為了橫越各種水域（溪澗、河流、湖泊、沿岸的海域）。但他們亦很早發現，只要有合適的水道，水上交通是一種非常省力和便捷的運輸方法。起初，船隻只能「順流而下」或靠人力划動，但考古學家發現，早於七千年前，人類已經懂得利用「帆」以「順風而行」。帆船的發展是人類聰明才智的突出表現，人們不僅可以利用風力在河流中「逆流而上」，更可以透過帆面角度的交替轉動，在逆風之中以「之」字形的航線前進。

公元1405至1433年間，中國明朝的航海家鄭和「七下西洋」靠的便只是帆船，最遠曾經抵達非洲的東岸。1519至1521年間，由麥哲倫（Ferdinand Magellan）領導的船隊，就是在風力之下完成了環繞地球一周的壯舉。（由於他半途遇害，率領船隊完成航程的是他的副手。）當時用的帆船，每艘擁有超過十張大小不一並可以獨立控制的帆。

除了控帆技術外，遠程航行的實現，還有賴人類透過長期實踐掌握了地球上的信風系統（trade wind system）和季候風（monsoon）的變化規律。此外，背後的功臣還有人類的兩大發

現代的航海用羅盤具有防磁、防震等功能。

明：羅盤（compass，指南針）和尾舵（sternpost rudder）——
前者令我們在茫茫大海中確定方向，後者令我們更精準地控制船
的轉向；兩者都是由中國發明的。

上文說「只要有合適的水道」，但假如沒有又怎樣呢？為了
享受水運之便，人類會花上巨大的氣力在陸地上建造「運河」，
其中規模最大的是隋、唐期間所建造那些貫穿了中國南方和北方
的「大運河」（Grand Canals）。它們是古代最輝煌的工程成就之
一，對於中國往後的經濟發展起了巨大的推動作用，《清明上河
圖》描繪的宋代繁榮景象，就是一個很好的寫照。

2

上天下海
——近代交通的演變

2

上天下海
——近代交通的演變

從蒸氣機到內燃機

第二次交通革命的幕後功臣，也是推動工業革命 (Industrial Revolution) 的功臣。它便是17世紀經已在歐洲出現，但在18世紀 (1765年) 由英國人詹姆斯・瓦特 (James Watt) 大

幅改良之後才被廣泛應用的蒸氣機 (steam engine)。

由於將水變為蒸氣需要大量的燃料，煤 (coal) 很快便取代了木材而成為人類使用的主要燃料，世界自此進入「化石燃料時代」(fossil fuel era)。及後我們會看到，這也直接導致了今天威脅

著人類生死存亡的「全球暖化危機」。

　　第一艘利用蒸氣機和螺旋槳 (rotor) 推動的船隻，是美國人羅伯特・富爾頓 (Robert Fulton) 於1807年建造的「克萊蒙特號」(Clermont)。不久，蒸氣推動的大型船隻大多由木製改為更堅固的鐵製。

聚焦科學
為甚麼鐵船能浮？

　　大家可能奇怪，木可浮於水但鐵不可以，鐵製的船卻能夠浮在水上。這是因為按照物理學中的「阿基米德原理」(Archimedes Principle)，只要鐵船的設計令它的排水量 (displacement，以噸計算) 高於船的總重量，船隻便可以浮起來。

一般遠洋輪船都是鐵或鋼製的。

　　以蒸氣推動的機車 (steam locomotive) 亦於19世紀初出現。首部商用載客的火車則由英國人喬治・史蒂芬生 (George Stephenson) 於1825年所建造，他因而被稱為「鐵道之父」(Father of Railways)。

後來，蒸氣推動的汽車 (steam car) 亦接著出現。然而，「內燃機」(internal combustion engine，縮寫為 ICE) 的發明令它們很快成為歷史陳跡。

第一部利用液體燃料發動的內燃機，由德國人戈特利布·威廉·戴姆勒 (Gottlieb Wilhelm Daimler) 於1885年發明。翌年，他製造了第一輛以此為動力的汽車 (automobile)。自此，笨重的蒸氣機汽車銷聲匿跡，而人類也很快進入了「汽車時代」(Age of Automobile)。

最基本的內燃機稱為「活塞發動機」(piston engine)。它的操作原理是燃料 (汽油) 被噴注入「氣缸」(cylinder) 後，與空氣混合和被燃點。猛烈的燃燒令空氣急速膨脹並推動活塞，再透

氣缸

過搖桿的帶動產生旋轉運動以驅動汽車。

回到20世紀初，內燃機很快便不限於汽車而被廣泛應用於各種交通工具，包括火車、輪船和飛機。它的設計亦變得多

🔲 聚焦工程

內燃機和蒸氣機有甚麼分別？

內燃機和蒸氣機都屬於將熱能 (heat) 轉化為動能 (kinetic energy) 的「熱機」(heat engine)，分別在於內燃機中的燃燒氣體同時也是工作介質，因為汽油燃燒時，膨脹的氣體直接推動活塞工作，所以內燃機又稱為「內熱機」(internal heat engine)；相反，蒸氣機的工作介質 (蒸氣) 完全與燃料分隔，所以被稱為「外熱機」(external heat engine)。

樣化，其中包括了「轉子發動機」(rotary / Wankel engine)、「燃氣渦輪發動機」(gas turbine engine)、「噴氣發動機」(jet engine) 等。

向天際、深海、太空進發

隨著火車的發展，人類的運動速度大幅提升。一般蒸氣火車的最高速度可達每小時60至80公里。改以內燃機推動的柴油火車 (diesel locomotive)，能把速度提升至120至160公里。早期的電動火車 (最早是1964年開通的日本東海道新幹線) 時速已超越200公里，今天的「高速鐵道」(簡稱「高鐵」) 則可達300公里或更高。迄今最高的陸地速度乃由實驗性的磁浮火車 (Maglev train) 所創，時速高達600公里。

我們迄今介紹的，都是限於大地表面的交通。但自古以來，人類都渴望能夠像飛鳥般翱翔天際，或如魚兒般遨遊深海。過去百多年，人類無論上天下海，都取得突破性的發展。

　　在征服天空方面，由於人類的身體結構有異於鳥類，所以是「插翼難飛」。畢竟鳥類除了渾身長滿羽毛外，骨骼還是中空的，比人類輕盈得多。

　　受到炊煙上升的啟發，中國人很早便發明了「孔明燈」。但人類乘著熱空氣升空的壯舉，則有待1783年法國人孟格菲兄弟（Montgolfier brothers）首次以熱氣球（hot-air balloon）載人飛

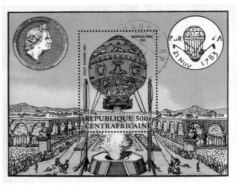

從過往的法屬殖民地中非共和國發行的郵票，可以一睹早期熱氣球升空的情況。

行。1862年，人類乘坐熱氣球升至近一萬米的高空，高度甚至超越珠穆朗瑪峰，創下了歷史紀錄。在距離方面，第一次橫越大西洋的飛行在1978年，而迄今熱氣球旅程的最遠紀錄則是2015年從日本飛抵墨西哥的壯舉。

然而，早於20世紀初，人類已經成功發明了飛機，從而實現了「重於空氣的飛行」(heavier-than-air flight)。1903年12月17日，由萊特兄弟 (Wright brothers) 所製造的飛機，在螺旋槳的帶動下成功在美國北卡羅萊納州的小鷹鎮 (Kitty Hawk) 起飛。雖然只是飛行了12秒和36.5米 (120英尺)，卻開啟了人類的「航空時代」(Age of Aviation)。

自此，地理的阻隔成為了歷史。過往要經年累月的艱苦旅程 (如玄奘取西經來回需時19年)，我們皆可以朝發而夕至。今天最長的一條民航航線是從新加坡至紐約，航程超過15,000公里，卻只需18小時45分鐘。按照統計，在2020/21年的全球瘟疫之前，載客和載貨的航班次數加起來，每天平均可達10萬之巨。一項推斷更指出，每一刻在天空中飛行的人可達50萬之多，比古代神話傳說居於天上的神祇還要多。

在發達國家裡，自第二次世界大戰結束至21世紀初，曾經乘坐飛機的人由人口中的極少數，變成了人口中的大多數。今天，很多還未入讀小學的幼童已經坐過飛機。但必須指出的是，以上情況只限於富裕的國家和地區。按照一項粗略的估計，世上仍有80%的人從來沒有乘坐過飛機。

今天民航機的速度大約為時速700至900多公里，長途客機偶然會超越時速1,000公里，這是絕大部分現代人能夠經歷的最高速度，比起20世紀初的火車速度快超過10倍。

在遨遊深海方面，發展主要集中於軍事和科學探究。潛水艇 (submarine) 的初步應用始於第一次世界大戰。至第二次大戰，它已成為了一股舉足輕重的軍事攻擊力量。二戰後，核動力潛艇 (nuclear submarine) 的發展令人類可以潛藏深海數個月並遨遊各大洋，其間不用補充燃料。在科學探究方面，人類於1960年在菲律賓以東的馬利安納海溝 (Mariana Trench)，首次乘坐特製的小型潛艇達至一萬米的深度（超過珠穆朗瑪峰的8,849米）。迄今達至的最大深度是2019年的10,927米。

俄羅斯的全俄展覽中心 (All-Russia Exhibition Centre) 擺放著加加林當時乘坐的火箭——東方一號 (Vostok 1) 複製品。

20世紀亦見證著人類衝出地球進入太空的重大突破。1961年4月12日，蘇聯太空人加加林 (Yuri

Gagarin) 成為了第一個進入太空的人類。1969 年 7 月 20 日，美國太空人岩士唐 (Neil Armstrong) 和艾德靈 (Buzz Aldrin) 成為了最先踏足地球以外另一個天體 (月球) 的人。赴月期間，太空船太陽神 11 號 (Apollo 11) 的時速達 4 萬公里，而這亦是載人交通工具迄今達到的最高速度。比起 66 年前萊特兄弟首次飛行的時速 48 公里，足足大了約 900 倍之多。

交通進步的代價(一)
——交通意外

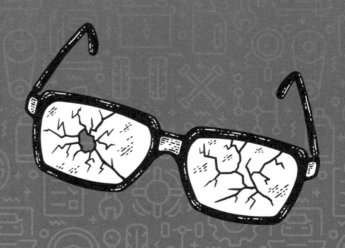

03

交通進步的代價（一）
——交通意外

水能載舟　亦能覆舟

交通進步拓展了人類的活動領域，促進了各個民族間的交流，也帶來了生活上的種種方便，它的積極意義是毋庸置疑的。

過去大半個世紀（在歷史上是彈指之間），全球的旅遊業蓬勃發展，更為人類帶來了前所未有的體驗和享受。理論上，我們可以年頭往北極看極光，年中往加勒比海享受陽光與海灘及當地的風情和美食，年末則往南極洲看企鵝。當然這只限於財力充裕的少數人。但就以香港為例，年頭往四川九寨溝，年中往台灣合歡山，年末往日本北海道的也大有人在。綜觀人類生存在地球上99.999%的時間裡，這種精彩體驗是完全不可想像的。

交通發達的而且確大大促進了文明的演變，然而這些演變是好事還是壞事卻難以一概而論。馬匹讓成吉斯汗建立他的帝

國，但受蒙古大軍鐵蹄蹂躪的民族，自然不會覺得這是「進步」。自哥倫布抵達美洲（1492年）後展開的「大航海時代」（Age of Discovery）被西方人視為人類歷史上一項輝煌的成就，但對居於各大洲的眾多其他民族，這卻是近500年殖民統治下深重苦難的開端。所謂「水能載舟，亦能覆舟」，任何技術的進步既可以用於善，也可以用於惡，交通的發達也是一樣。

血汗工程

　　交通建設的人命代價，總是十分龐大。當然，從金字塔到萬里長城以至三峽大壩，任何大型建設都難免出現人命傷亡。但交通設施往往要建在荒蕪、崎嶇甚至險要的地方，也會用到炸藥等爆破手段，因此意外死亡的風險特別高。

隧道爆破工程一般會先從岩石鑽挖炮孔，然後把炸藥埋在其中並引爆。

連接美國東岸和西岸的「太平洋鐵路」（Pacific Railroad），是美國崛起的一大里程碑。自1863至69年興建期間，死亡人數保守估計達1,200之多，其中大部分是從中國東南沿岸招募（不少是受哄騙甚至被擄劫，俗稱「賣豬仔」）的華人，特別是始自美國西岸的那一段；而始自東岸的那一段則大多是愛爾蘭的新移民。由於這些「華工」的死亡不一定有官方紀錄，一些學者相信實際死亡人數可能高很多。

　　然而，上述情況與第二次世界大戰期間，日本強迫戰俘和當地人民所建的「泰緬鐵路」（Burma Railway）相比起來，還只是小巫見大巫。歷史學家的研究顯示，鐵路興建時因意外、過度勞

整條太平洋鐵路需要興建數十座橋樑和隧道，上圖是其中在加維奧塔州立公園 (Gaviota Beach State Park) 的臨海路段。

役和疾病死亡的人高達十萬，所以這條鐵路又有「死亡鐵路」之稱。

或許有人會說這是戰爭時期，所以不能作準。那麼我們可以看看在和平時期興建的世界兩大運河——建於1858至1869年的蘇彝士運河（Suez Canal）的死亡人數是多少至今仍難確定，但一般估計達數千人；建於1881至1914年的巴拿馬運河（Panama Canal）便更可怕，死亡人數高達3萬5千人（不少乃死於瘧疾和黃熱病）。

公路建設也犧牲了不少性命，其中香港人較熟悉的是建於1956至1960年並連接台灣東、西岸的「中橫公路」（東西橫貫公路）。由於不少路段地勢險要，興建期間奪去了212個工人的性命。而連接香港和珠海市的「港珠澳大橋」，於2009至2018年興建期間也有20個工人喪命。

當我們在享受這些交通設施帶來的方便時，也好應懷念和感激因此而喪失生命的勞苦工人。

交通事故頻生

現在讓我們想像一個假設的情景，那便是一隻由外星人駕駛的飛碟於1870年降落地球。外星人跟人類融洽地相處了一段時間，然後在離去前向人類說：「我們打算送給你們一份禮物，它可以大大擴展你們的活動能力，為生活帶來很大的方便。然而，接受這份禮物是有代價的，那便是每年會有數百萬人傷亡，部分是終身殘廢。此外，每年間接因呼吸系統和心血管病提早死亡的人也會過百萬。」外星人頓了一頓說：「你們可以先考慮一下，才決定接不接受這份禮物。」

那麼你會接受還是不接受呢？

聰明的你應已猜到，這份禮物叫「汽車」。外星人的來臨是虛構，但汽車的來臨則是史實。過去百多年來，現代文明就是「汽車文明」。這項「進步」的代價龐大，歷史學家推斷20世紀死於各種交通意外的人數，與兩次世界大戰的死亡人數不遑多讓。

香港政府為了宣傳交通安全所創的一句口號是：「車禍害人，影響一生」，這是非常真實的寫照。車禍影響的不單是被撞的人，肇事的司機也會因此而被判刑並且內疚一生，特別是導致死亡的車禍。

　　研究顯示，交通意外的成因當中，機器故障所佔的比例很少，駕駛技術欠佳也不是主因。最大的原因是駕駛者的態度，次之是行人的態度，簡言之就是掉以輕心和疏忽大意，或是漠視交通規則和不尊重別人。就職業司機而言，一個可悲的原因是為了生計而超時工作，結果疲勞過度釀成慘劇；另外也一些不負責任的司機，醉酒駕駛以致危害自己及他人的性命。

　　交通意外當然不限於車禍，歷來的海難和空難也曾奪去不少性命。撇開戰爭時期不計，1912年導致約1,500人死亡的郵輪鐵達尼號 (Titanic) 海難是最著名的，但較少人知曉的是5年後 (1917

海洋各處都有沉沒船隻的殘骸，其中不少更是位處深海，難以打撈。

年）在加拿大發生的海難，兩艘船相撞後爆炸導致近2,000人死亡。迄今最嚴重的事故則是1987年在菲律賓發生，當時一艘渡輪與油輪相撞後引起大火，釀成4,000多人死亡的災難。

　　在空難方面，最嚴重的是1977年兩艘大型客機在加納利群島一個機場的跑道上相撞，結果導致583人死亡。1985年，日本一艘客機因機械故障墜毀，導致520人死亡。按照國際民航組織 (International Civil Aviation Organization，縮寫 ICAO) 的紀錄，至本書執筆的2021年中，做成超過200人死亡的空難共有30宗。

　　按每天乘搭的人次來計算的話，海上交通和空中交通的頻繁程度比陸地交通低很多，即使重大的海難和空難會引起廣泛報導和關注，但總的來說 (例如以全球整年作結)，兩者導致的死亡人數比起車禍仍然少得多。若論風險，由於航空事業必須遵循非常嚴謹的操作守則，發生意外的比率遠較汽車交通為低。美國是人均乘坐飛機次數 (大部分是國內航班) 最多的國家，但一些統計顯示，一個人一年內死於車禍的機率約為五千分之一，而死於空難的機率則低於一千萬分之一。也就是說，乘坐飛機比乘坐汽車實在安全多了。

　　上述令人震驚的數字驅使「未來交通」更重視減少意外，由人工智能導航的「無人駕駛交通工具」是其中一個主要的發展方向。

交通進步的代價(二)
——環境破壞

84
交通進步的代價（二）
——環境破壞

除了交通意外導致的人命傷亡外，環境破壞也是交通發展中一項重大的負面影響。

有關的破壞可以分為(1)物料的虛耗、(2)能源的虛耗、(3)環境污染和(4)生態環境破壞這四個方面，以下讓我們逐一看看。

（1）物料的虛耗

除了建築物所用的鋼材外，交通工具是人類所提煉的各種金屬的最大使用者。其中最主要的是鋼鐵，其次是鋁、鈦、鎂、銅等。用作助燃催化劑的則有鉑、銠、鈀等較珍貴的金屬；而隨著電子設備不斷增加和電動車逐漸普及，金、銀、鋰、鎳、錳、鎘、鈷及至一些稀土金屬(rare earth metal)如釹、鏑等也派上用場。要知這些金屬都要從地層中開採，而大規模開採必然會對環境做成破壞，這是交通導致環境破壞的第一個層次。此外，上

述金屬都是有限的資源，除非我們能夠循環使用，否則只會愈用愈少，最後出現短缺問題。

一些價格昂貴的金屬如金、銀、鋰、鈷等，已有部分被循環使用。但因為回收的成本高昂，其他金屬的回收再用比率一般較低，而即使循環再造，也只會用於較低端的產品。

當然，除了金屬外，交通工具還採用了大量塑料、玻璃纖維、碳纖維、橡膠、玻璃、皮革等物料。其中很多無法循環再用，也「非生物可降解」(non-biodegradable)，結果成為了人類固體垃圾的一大來源。且看看這廢車場 (scrapyard，俗稱劏車場) 的圖片，當會領略到這個問題有多嚴重。

香港的廢車場通常設於新界的鄉郊地區。

（2）能源的虛耗

　　人類自20世紀伊始，才因為內燃機的發明而大量開採和使用石油（petroleum，提煉後又往往稱為gasoline）。但按照科學家的推斷，地殼中的石油藏量，迄今已有超過一半被開採。我們就像一個揮霍無道的富家子弟，在短短百年之內，便把大自然經歷了億萬年積累下來的寶貴財富（石油）虛耗掉一大半。剩下來的蘊藏將會是開採難度愈來愈高，致使財務成本、意外風險和環境破壞皆愈來愈大的油田，例如海床深處的油田。

人們會在海上建石油平台，提取海底的石油和天然氣。

事實上，以往我們消耗一「桶」（barrel，業界慣用的單位，約為159公升）燃油可以開採數十至一百桶原油（crude oil），但今天，這個「能源投資回報」（Energy Return on Investment，縮寫 EROI）的數值已經下降至1比20甚至更低。例如加拿大的油沙（oil sand）開採，每耗費一桶石油只能夠提煉出3至4桶。展望將來，這個比例只會繼續下降。不用說，當比例降至1:1，開採便再「無利可圖」。

不少專家鄭重指出，人類已經達至「石油產峰」（Peak Oil），而往後的產量只會每況愈下。如果我們不儘快發展新的能源，大量交通工具將會在不久的未來因燃油短缺而動彈不得。

（3）環境污染

交通工具造成的空氣污染是眾所周知的，其中最早廣受關注的，是美國洛杉磯自上世紀中葉已經開始出現的霧霾（smog）。

留意在氣象學中，「霧」（fog）指由微型懸浮水滴導致的能見度（visibility）下降，而「霾」（haze，又稱煙霞）則指由微型固體懸浮粒子導致的能見度下降。正如英文的smog乃由smoke（煙）和fog（霧）兩個字組合而成的新名詞，「霧霾」也是由「霧」和

「霾」兩個字組合起來的新詞彙。「霧霾」(smog) 不是自然現象，是人類活動所造成的一種污染。

ⓢ 聚焦科學
空氣污染可致命？

史上最惡名昭彰的空氣污染事件是1952年的「倫敦毒霧」(The Great Smog of London)，短短數日造成了過萬人死亡。這次災難的成因是由於大量燃燒煤炭，排出的污染物形成pH2的強酸性且高濃度的硫酸霧。這些煙霧會使人眼痛、鼻痛或咳嗽，不少人更患上支氣管肺炎、心臟病甚或死亡。

為免歷史重演，英國於1956年通過了「清潔空氣法案」(Clean Air Act)，嚴格規管由工廠排放的廢氣。往後數十年，一些較發達的國家也陸續通過了類似的法案，令燃煤發電的空氣污染大減。但與此同時，汽車廢氣 (car exhaust，又稱「尾氣」tail gas) 引起的污染則有增無已。

汽車廢氣充滿了有害物質，其中包括 (i) 由汽油不完全燃燒做成的顆粒 (particulate matter，又稱懸浮粒子)、(ii) 各種致癌的「揮發性有機物」(volatile organic compound；縮寫VOC) 如苯 (benzene) 和醛 (aldehyde)、(iii) 氮的氧化物 (nitrogen oxide)、(iv) 可致命的一氧化碳 (carbon monoxide)、(v) 可溶於水而變成硫酸 (sulfuric acid) 的二氧化硫 (sulphur dioxide)。此外，在陽光激發下，揮發性有機物和氮的氧化物會結合而產生臭

氧(ozone)。這種氣體在大氣高層有阻隔紫外線的保護作用,但在近地面的底層出現時,卻會刺激我們的呼吸系統,損害健康。

雖然經過了多年的治理,但洛杉磯的霧霾問題仍未完全消失。2020年夏天,在熱浪和不利對流的高氣壓影響下,因霧霾導致的臭氧水平急升至近30年來的最高水平,嚴重影響當地居民健康。專家警告,除非大部分車輛皆轉為沒有廢氣排放的電動車,否則在全球暖化的影響下,這種情況只會愈趨嚴重。

大家也許都聽過PM 2.5這個名稱,其中PM是英文particulate matter即「顆粒」的縮寫,而2.5則指顆粒直徑在百萬分之2.5米(2.5微米)或以下。科學家很早便知PM 10會損害健康,但及後的研究顯示,更微小的PM 2.5因為可以穿透呼吸系統的過濾而直達肺部,對我們所造成的傷害會更為嚴重。其中一個影響是哮喘病(asthma)——特別在兒童身上——愈來愈普遍,病情也愈來愈嚴重。

在發展中的國家當中,印度和中國的霧霾污染皆非常嚴重。除了燃煤發電和汽車廢氣外,原因之一是在寒冬時,仍有大量家庭燃燒煤炭取暖。

Ⓢ 為甚麼要取締柴油巴士？

　　汽車廢氣中的顆粒物不少來自柴油（diesel，又名油渣），柴油是石油提煉後的一種產物。由於它的能量密度較汽油高，故每公升可行的里數也較多，於是被廣泛用於不少重型交通工具（如大型貨車、火車、軍車等）。然而它含有較多雜質，燃燒時會產生更多顆粒和致癌的污染物，不少環保團體都呼籲儘快取締這種燃料。2021年，香港的九龍巴士公司終於宣布，將於2050年前將旗下所有柴油巴士轉為電動巴士。

柴油車機件不良時會噴出黑煙。

（4）生態環境破壞

　　由於對人民健康的損害，也由於上文提到的石油耗盡問題，以及下面將會介紹的全球暖化問題，淘汰汽油車已經成為了人類當務之急。一些國家如德國、法國、日本、印度等已經為禁售汽油車定出具體時間，較早的是2030年，較遲的在2040左右。這是近代交通史上一件重大事件，無數出產汽油車的廠商必須儘快轉型，而世上無數以修理內燃機汽車為生的工人將要轉行。

香港政府於2021年初公布了《香港電動車普及化路線圖》，擬於2035年或之前停止燃油私家車的登記，並爭取在2050年之前達至車輛零排放的目標。其間會推動電動車技術及維修人才的進修培訓，以及推動電池回收的「生產者責任計劃」，讓汽車商承擔回收退役電池並妥善處理的責任，減少破壞環境。

要留意的是，電動車雖然不會造成空氣污染，但在物料和能源消耗方面不會帶來重大改變 (後者的情況端視乎電力的產生是繼續依賴化石燃料，還是好像太陽能等「可再生能源」而定)。而廢棄電池因為含有不少重金屬，處理不當也會嚴重污染環境，最理想當然是能夠將物料回收再用，若不能重用也必須加以處理並慎而重之。

交通的電氣化固然是好事，但交通建設對生態環境的破壞已經難以逆轉。百多二百年來，先是鐵路網絡的建設，然後是公路網絡的建設，皆已導致大量的「生境摧毀」(habitat destruction)。山野的開墾、樹林的砍伐、濕地和沼澤的填平等，令無數動植物喪失棲所而數量大減，一些物種甚至因而滅絕。此外，由於交通幹道將原本延綿不絕的曠野分割成無法互通的孤立區域，不少動物無法順利進行季節性遷徙，從而影響到牠們的繁衍，更有不少嘗試穿越幹道的動物成為輪下亡魂⋯⋯

E 聚焦工程 ‧‧

野生動物怎樣過馬路？

　　一些較先進的國家已經在交通幹道之上或下建設一系列橋樑或隧道，好讓動物有需要時能夠通過。但這種建設迄今只是鳳毛麟角，畢竟除了國家要相當富裕之外，這也需要人民有高度的環保意識，願意花納稅人的錢興建。

野生動物可以通過橋樑，安全地橫越公路。

　　一些學者則指出，汽車的普及為人類居住模式帶來重大變更。以往，人類一是分散於鄉郊村落，一是聚居於城市。但汽車的能動性產生了所謂「都市蔓延」（urban sprawl）或是「市郊蔓延」（suburban sprawl）的現象。大量家庭為了追求更舒適寬敞的生活空間而移居市郊，而人們每天駕車上班所花的時間可達數小時，能源消耗和空氣污染及入城時的道路擠塞因而大增。此外，這種居住模式需要更多油站設施、食水和電力供應設施、醫

療和消防服務等，總的結果是人類平均的生態足印 (ecological footprint) 大大增加。

如何在發展交通網絡之時，儘量減低對生態環境的破壞，保障動植物的昌盛，便是「未來交通」的一大課題。

09

交通進步的代價（三）
——氣候變化危機

交通進步的代價（三）
——氣候變化危機

「不是污染物」的二氧化碳

汽車廢氣中除了一些有害的成分外，還有一種燃燒任何化石燃料（煤、石油、天然氣）時都必然產生的氣體——二氧化碳（carbon dioxide）。但一直以來，二氧化碳都沒有被視為污染物。的確，二氧化碳無色、無味、無嗅也無毒，亦天然地存在於地球的大氣層之中。植物進行光合作用時把它吸進體內，而動物

呼吸時則把它排出體外。兩者的互動令大氣層中的二氧化碳含量——又稱濃度（concentration）或水平（level）——處於平衡狀態。

Ⓢ 聚焦科學
我們的「口氣」是酸的？

我們呼出的氣體被稱為「碳酸氣」，因為其中的二氧化碳會和水氣混合，產生弱性的「碳酸」（carbonic acid）。在全球暖化危機中，大量二氧化碳溶於海水，則導致了「海洋酸化」（ocean acidification）的生態危機。地球的歷史上也曾出現類似的情況，最終導致大量海洋生物死亡。

珊瑚白化現象主要是因為海水溫度持續上升，而海洋酸化則令珊瑚難以吸收碳酸鈣，不利生長。

正是因為這樣，傳統定義上的「空氣污染物」（air pollutant）不包括二氧化碳。但自上世紀80年代，我們愈來愈清楚，這種「不是污染物」的大氣含量，是決定人類生死存亡的一個「硬指

標」。由於人類在最近的百多二百年不斷燃燒化石燃料,這個含量已經由19世紀中葉的百萬分之280 (280 parts per million by volume,縮寫為 280 ppmv後又再縮為280 ppm),升至今天的百萬分之420 (420 ppm),亦即增加了50%之多。更驚人的是這個增幅,有一半是在最近這50年出現的。

失控的溫室效應

你可能會問:空氣的成分約為78% 氮氣和21% 氧氣,少於0.05% 的二氧化碳又有甚麼可怕呢?但正如在我們的食物裡,碳水化合物、蛋白質、脂肪質等佔了大部分,但只要欠缺一些維生素便會生病,而吃進極少量山埃更會喪命一樣,一些事物的關鍵性不是以絕對值的多寡來衡量的。在大氣層裡,二氧化碳的確屬微量成分,卻也是一種極關鍵的成分。這是因為它會透過「溫室效應」(greenhouse effect),令地球變暖或是變冷。

科學家發現,地球過去數百萬年曾經歷多次「冰河紀」(ice age),而在最寒冷的時期,大氣中的二氧化碳含量可以低至180 ppm。相反,在分隔「冰河紀」的溫暖「間冰期」(interglacial period),這個含量可以高達280 ppm。也就是說,上文提到19世紀中葉的280 ppm,已經是波動中的高峰值。今天錄得的

420 ppm，卻是地球過去數百萬年所未見。

　　在溫室效應之下，地球的溫度已經在過去150年上升了1.2度。不要小看這個升幅，它已經帶來了愈來愈炎熱的夏天甚至殺人的熱浪，以及極端反常的天氣，包括特大的洪災、旱災等。季節錯亂和生態失衡則引至更多疾病和蟲害，海水持續「酸化」更直接威脅到海洋裡眾多生物。此外，愈來愈劇烈和持久的山林大火、愈來愈猛烈的風暴、愈來愈洶湧的海水倒灌……亦威脅著無數人的安危。冰川融化令海平面不斷上升已叫人憂慮，假如氣候惡化令糧食大幅減產，所引起的災難更是教人不敢想像。

難以逆轉的災難

要避免巨大災難的發生，「極速去碳」是人類當務之急。研究顯示，二氧化碳排放的來源首推發電，其次便是交通。今天，交通運輸佔了全球總排放量的21%左右，但在一些發達國家如美國，這個份額可以高達29%。

為了對抗全球暖化危機而召開的首個國際會議，是1997年在日本京都召開的聯合國氣候峰會。然而，無論是當時訂立的《京都協議書》(*Kyoto Protocol*) 或是以後每年在不同國家召開的氣候會議，以至2009年的《哥本哈根議訂書》(*Copenhagen Accord*)，以及2015年簽署的《巴黎協議》(*Paris Agreement*)，統統無法阻止二氧化碳水平持續上升。

這是因為全世界都不歇地追求經濟發展，而因為成本效益的考慮，無論是政府還是私人企業，均完全漠視科學家的警告，自私地繼續燃燒化石燃料。雖說有些國家和地區為了對抗空氣污染，已經逐步把燃煤發電轉為以天然氣發電，令二氧化碳的排放相對較少 (香港就是一個好例子)；但這種轉變帶來的「減排」效果，遠遠被總體經濟不斷膨脹所掩蓋。

2015年的巴黎氣候峰會期間，環保團體已經高舉「100%

可再生能源」（100% renewables）這個目標，並把標語掛在最顯眼的巴黎鐵塔之上。但這麼多年來，無論太陽能發電（solar power）和風力發電（wind power）如何蓬勃發展，仍是無法令二氧化碳排放下降。今天，人類每年排放到大氣層裡的二氧化碳已經超過 500 億噸，即比 2 億個標準游泳池所載的水還要重。

聚焦科學
凍土融化的夢魘

《巴黎協議》中提到，我們必須致力將地球自 19 世紀中葉以來的升溫控制在攝氏 2 度之內，而更安全的界線是在 1.5 度之內。一旦超越了這些溫度，自然界中大量惡性循環便會出現，致使氣候急速惡化，甚至達到一發不可收拾的地步。其中最令人憂慮的是位處寒冷的西伯利亞和美洲北部的大片「凍土」（tundra）全面融解，因為這會釋出大量甲烷（methane）氣體，而它是一種吸熱作用較二氧化碳還要大很多倍的「溫室氣體」。

凍土不是冰層，而是指溫度保持在 0 度以下的土壤。

從這個角度看，美國於本世紀初在本土開發的頁岩氣（shale gas）不是一個「恩賜」而是一個「詛咒」，因為它大大窒礙了美國人發展「可再生能源」的決心和力度。

除了發電外，不斷膨脹的交通運輸系統，是碳排放上升的第二大元兇。就以汽車為例，21世紀還未踏進第三個10年，全球汽車的數目已經超過了10億大關。按照一些經濟預測，這個數目到2050年會翻一倍即達到20億輛之多。在航空方面，到了2050年，客機的飛行里數亦會由今天的每年10萬億公里倍增至20萬億公里。

即使未來10多年間各國開始禁售汽油車，令全球漸漸轉用電動車，以邁出減碳的重要一步，但我們都知道，除了電動火車和比例上仍佔少數的電動汽車外，所有交通工具——特別是輪船和飛機——仍然依賴汽油（石油）作為燃料。如果上述增長依舊建基在石油的使用之上，人類能夠成功對抗全球暖化危機的機會可說微乎其微。

6

個人化交通
與集體運輸

86
個人化交通與集體運輸

個人 vs 集體

有一幅在網上流傳的漫畫描繪了道路被汽車擠滿，而所有人都動彈不得的景象。畫家既表達了一些駕車者的不耐煩表情，還透過文字表達每個司機心中的想法：「如果這些佔用路面的人都乘搭公共交通工具，我便可以暢通無阻啦！」

這當然是一種尖刻的諷刺。主觀而言，每個人都想享受駕車帶來的方便和快捷，又想其他人都乘坐公共交通而把寬敞的路面讓給自己。但客觀上，正因每個人都駕車外出，結果導致交通嚴

重擠塞，最後更弄巧反拙，使「方便」和「快捷」蕩然無存——這是「個人的理性」加起來變成了「集體非理性」的典型例子。

汽車惹的禍

首先展開城市間 (inter-city) 交通革命的是火車，它是一種「集體交通運輸系統」(mass transit transportation system)。接著下來，開始城市內 (intra-city) 交通革命的是汽車，它是一種「個人交通運輸系統」(personal transportation system)。不久，隨著長途高速公路 (super-highway) 的建設，汽車也成為穿州過省的跨城市交通工具。過去百多年來，如何在集體與個人之間取得平衡，是任何制定交通政策的政府所面對的一項難題。

以成本效益的角度，無論是佔用的路面、消耗的燃料還是製造的污染等計算，集體運輸 (即公共交通) 必然較個人運輸高效得多。然而，公共交通系統大都只會按固定的路線和班次行走，以實現「點到點」(door-to-door) 的交通方便而言，汽車顯然遠為優勝。中國進行改革開放期間，一句名言是：「路開到哪裡，錢便到哪裡！」充分反映出道路建設對經濟發展的巨大推進作用。直至今天，不少人 (特別在發展中國家) 仍然以「有車階級」作為身分地位的象徵。一些男士甚至認為，如果年過30歲仍然

要和女朋友乘坐公共交通工具，是一種非常沒有面子的事情。

一些環保人士的看法剛好相反，他們從耗費的物資和燃料、製造的廢氣和溫室氣體，以及佔用的路面來看，認為出入皆獨自乘坐「私家車」乃是應該受到譴責的「反社會」行為。

正如這一章開首提及的漫畫，人人都駕駛汽車出行，道路將會擠塞不堪，而泊車位置不足也會成為嚴重的問題。過去大半個世紀，這種情況不斷在世界各大城市出現並且惡化，發展中國家更陸續有新興的城市加入這個行列。

各國政府的對策是不斷興建新的路道，興建更多的架空天橋和隧道等，北京的二環、三環⋯⋯以至七環路便是著名的例子。但因為這樣對行人造成不便，政府又以興建行人天橋和行人隧道來解決。結果，明明是很短的距離，行人往往要上天橋下隧道繞一大個圈才能到達。不少人批評城市設計向駕駛者傾斜，犧牲了行人的利益，是一種極不健康的發展方向。美國的洛杉磯便是一個典型以「汽車為本」的「行人不友善」城市。

交通擠塞無計可施？

解決交通擠塞的最有效方法，是限制汽車的銷售。但在「自由經濟理論」的教條下，加上人們認為擁有自己的汽車是不能被剝奪的基本人權，從來便沒有一個國家認真地採取過這個政策。各國政府為了紓緩交通擠塞的措施包括：

- 「寓禁於徵」，包括徵收高昂的汽車入口稅、燃油稅、汽車牌照費用、駕駛執照費用；也包括訂立高昂的違例泊車罰款等；

- 一輛汽車載有2人或以上的話可以使用「快線」，否則必須使用「慢線」，以鼓勵人們不要「一人一車」而嚴重浪費路面；

- 以使用者自付原則，設立「電子道路收費系統」，以科技識別通過某道路的車輛並收取費用；

- 在特別擁擠的市中心 (Central Business District，縮寫為 CBD) 設立收費制度，凡於繁忙時段進入這些區域的車輛都必須付款 (倫敦是最先引入這個制度的城市)；

- 通過行政指令 (而非立法)，設定某些日子只讓車牌號碼是雙數的車輛行走，另一些日子則只讓車牌號碼是單數的車輛行走 (2008年奧林匹克運動會期間，北京便曾採取這一措施)；

- 限制汽車的發牌數量。由於這與「限制汽車銷售」會遇到同樣的非難，所以甚少國家會採用，其中的例外是新加坡曾經推出的「擁車證」(certificate of entitlement) 配額制度。

鐵路飛馳　快速到達

以上方式都屬於較為消極的措施，積極的措施是致力完善公共交通系統，鼓勵人們棄用「私家車」而轉乘公共交通工具。基於這種考慮，世界各大城市在過去大半世紀都致力興建「集體快速運輸系統」(mass rapid transit)，香港於1979年啟用的「地下鐵路」(Mass Transit Railway，縮寫為 MTR；2007年與「九

港鐵東鐵線列車

廣鐵路」合併後改稱「港鐵」) 和1988年啟用的「輕鐵」便是很好
的例子。

　　1863年開通的「倫敦地鐵」(London Underground，又稱
the Tube) 是世界上第一個落成的地下集體運輸系統。如果不計
城市本身，地下鐵路是人類迄今最龐大的工程建設，例如首爾的
地鐵 (Seoul Subway) 共有302個車站，10條幹線的路軌加起來
長達1,000公里。紐約的地鐵雖然沒有這麼長，卻擁有36條幹
線之多。

留意以上的運輸系統大部分都建在地下，因為在繁華的大城市中，地面已沒有空間進行如此龐大的建設。人類自古便有「飛天遁地」的想像，地鐵的發展令「遁地」這夢想成真。

但事實證明，無論這些系統如何發展，仍是無法阻止汽車數目的上升。

其他陸上交通工具冒起

除了公共汽車（也包括電車）之外，在一些城市裡還有載客量較少，但路線更多、涵蓋更廣，而上落地點也更靈活方便的小型公共汽車，香港人稱之為「小巴」。「港鐵」、「巴士」、「小巴」構成了香港陸上的主要交通系統。

還有一種交通工具可以按客人的要求提供近乎「點到點」的服務。在汽車未普及前，這包括了「人力車」（rickshaw）和「三輪車」（tricycle）。在汽車普及之後，就是每個大城市都必然有的「計程車」（taxi，即「的士」），以及在較落後的國家才有的「篤篤車」（tuk-tuk，即「自動人力車」auto rickshaw）。

計程車的收費以距離（塞車時也包括時間）計算，較一般公共交通工具昂貴很多，所以乘客大多是經濟能力較佳或是十分趕

時間的人。然而,即使車資較高,在繁忙時間以及輪班司機交接期間,截乘計程車亦會非常困難。

香港過往亦有人力車,由車伕在前面拉行。

「電召計程車」的服務雖然早已有之,但一來要加服務費(至少在早期如是),二來在手機未普及之前,在街上無法打電話,所以始終未能廣泛應用。有鑑於此,踏進

在東南亞或中南美洲,仍然有篤篤車的蹤影。

了21世紀不久,陸上交通出現了一個小小的革命——「優步化」(Uberisation)。

這個名稱源自2009年成立的一間公司「優步」(Uber)。基於手機普及和網上付款的方便快捷,以及全球衛星定位和導航系統(Global Positioning System,縮寫為GPS)可為非職業司機提供幾乎任何街道的導航指示,這間公司開拓了一個全新的運作模式,那便是任何人也可以利用自己的汽車加入成為「優步司機」。傳統的計程車有嚴格的發牌和配額制度,而牌照往往被炒

人造衛星定位系統的操作原理

人造衛星定位系統主要由三部分組成：人造衛星（artificial satellite）、地面站系統（ground station system）和用戶端接收器（user-end receiver）。

首先，每個衛星都擁有一個極其精確的原子鐘。它們會不斷向地面發出無線電訊號，而每個訊號都會附有準確的時間標籤。用戶端的接收器會不停搜尋並接收至少從3顆衛星發出的這些訊號，並且從訊號的發出時間和接收時間的差別，計算出自己和每一顆衛星的距離。至於地面站系統，則會透過雷達來斷定每一顆衛星在天空中的實際位置，並會以無線電告知每一顆衛星，好讓它們把有關資料加入向地面發放的訊號裡。

好了，假設你站在香港尖沙咀的天星碼頭。讓我們把你所在的位置稱為R，而你接收到訊號的衛星稱為A、B、C。現在你知道3顆衛星的確實位置，也計算出AR、BR和CR這三段距離。如此一來，就可完全確定你的確實位置R。

嚴格來說，上述方法要求接收器也擁有原子鐘。要繞過這個要求，我們實際上會接收來自4顆衛星的訊號。

GPS人造衛星

賣至「天價」，現在「優步司機」只需按照一個中央協調的電腦程式去接載發出召喚的客人，以讓乘客的等候時間減到最短。接載後司機不會直接收費，而是讓客人以電子支付方式把車資轉往公司的電子平台。其後，他們會以既定的程式與公司分賬。上述運作完全靠網絡進行，司機自始至終毋須與公司中的任何人會面。

這種模式繞過了傳統有關公共交通服務的政策規管，對各國政府提出很大的挑戰。由於它與傳統的計程車「搶生意」，計程車行業已不斷提出嚴重抗議。結果，不少政府將「優步」服務列為非法而予以取締。但因為法例（即使引入新例）對這種經營手法難以規管，也隨著這種服務日益受歡迎，一些政府的態度已經軟化至默許這個經營繼續存在。但不少人指出，由於「優步」並非正式受到法例保障的公共交通系統，一旦遇到傷亡事故，客人未必能夠獲得應有的保險賠償。

一些人則從較正面的角度來看待這種發展，並認為「優步化」是未來交通發展的大趨勢。是否真的如此，社會上暫時未有定論。

私人航空增加意外風險？

富豪以私人遊艇作玩樂十分普遍，但人們以私人船隻作日常交通仍屬罕有。然而，情況在空中交通方面卻有所不同，因為私人噴射客機（private jet）已經成為了超級富豪的身分象徵，而這些飛機是真正用於日常交通的。這是一種令人不安的發展，因為它不但導致更多溫室氣體排放，令全球暖化危機加劇；還令航道更擁擠，增加了意外的風險。事實上，近十多年來，航空意外的增加大都涉及私人飛機。較近期也較惹人注目的一次是在2020年1月，籃球巨星高比‧拜仁（Kobe Bryant）和他13歲女兒墜機身亡的事件。

正如無線電波頻譜一樣，無論是路面空間、海上航道抑或空中航道，原則上都是屬於所有人的「公共財」（public goods），如何在「個人化交通」和「公共交通」之間取得恰當的平衡，是「未來交通」的一大課題。

更安全
——「智能化」的趨勢

更安全
——「智能化」的趨勢

保護措施保平安

　　「慢慢走，勿亂跑，馬路如虎口。交通規則要遵守，安全第一，命長久。」這是多年前香港政府為了促進交通安全而創作的宣傳語句，可見交通發達導致意外傷亡數字大增，是任何發達社會面對的難題。

　　就陸上交通而言，最廉宜又能夠起保護作用的措施是佩戴安全帶(safety belt)，而各國也先後立法，先是規定司機使用，之後是所有前座乘客，然後所有乘客在乘車時都必須繫上安全帶。然而，不少老舊車輛並非每個座位都裝有安全帶，所以有關的法例在一些較落後國家未能貫徹執行。此外，一些乘客亦貪圖方便，即使有安全帶也不佩戴。在無數交通意外中，這些人往往自食其果，身受重傷甚至喪命。

　　另一重要保護設施是上世紀70年代開始普及的「自動充氣安全氣囊」（airbag），又稱「輔助約束系統」（supplemental restraint system，縮寫為SRS）。今天，大部分汽車內部都設有前方和兩側共6個氣囊。但研究顯示，氣囊只能於低速時提供保護。如果車速在每小時50公里或以上，它們無法防止嚴重的傷亡。古語有云：「小心駛得萬年船。」無論是古代還是現代，無論是陸上、海上抑或空中的交通，這仍是不變的至理明言。

車輛受到猛烈撞擊時，氣囊會自動充氣，減少乘客身體承受的碰撞力。

　　近年的另一安全裝置是後視攝錄機，它透過顯示屏令司機可以知道汽車後方的情況。以往很多意外皆於司機倒車時引起，其中不少是致命的，此裝置令出現這類意外的機會大為減低。

今天，較先進的汽車都會裝有汽車雷達（automotive radar）以偵測附近的環境，包括障礙物及鄰近車輛的位置、速度等。雷達的全名是「無線電偵測和定距」（radio detection and ranging），乃由英國人為了在第二次世界大戰中偵察晚上來襲的敵機而發明。在自然界，同樣的「回聲反彈原理」（echo-location）原來早已被陸上的蝙蝠和海中的海豚應用，只是他們用的是聲波而非無線電波，科學家稱之為「聲音導航與測距」（sound navigation and ranging），簡稱為「聲納」（sonar）。雷達現已廣被應用於航海和航空之上，由於無線電可以穿透雲層和濃霧，令這些交通的安全大大提升。至於「聲納」，則被船隻和潛艇廣泛應用以偵測水中的障礙物，漁船更以此找出魚群所在。

無人駕駛時代加速來臨

過去數十年來，上述設施皆因電腦化而效率大幅提升。展望將來，同樣基於電腦化的「智能化自動駕駛系統」，將是人類致力令交通更為安全的主要發展方向。

交通的「自動化／智能化」最早在航空界出現。由於長時間在空中駕駛十分沉悶，機師難以集中精神；而在半空中遇到障礙物的機會亦十分微，所以早於20世紀初，便有人設計了基於指

聚焦科技

人類蹤跡無所遁形？

所謂衛星導航系統，是由數十個環繞著地球運行的人造衛星所組成的定位系統。正如前文所述，地面移動裝置的接收器，會按照多顆人造衛星所發出的無線電訊號，以三角數學原理 (trigonometry) 測定自己的位置，迄今所達的精確度已可低於 0.5 米。

現今覆蓋全球的衛星導航系統有 4 個：

- 美國的「全球定位系統」(GPS)：擁有 32 顆衛星；
- 中國的「北斗衛星導航系統」(Beidou Navigation Satellite System，縮寫為 BDS)：擁有 35 顆衛星；
- 俄羅斯的「全球導航衛星系統」(GLONASS)：擁有 24 顆衛星；
- 歐盟的「伽利略定位系統」(Galileo)：擁有 24 顆衛星。

2018 年，美國的「太空服務公司」(SpaceX) 開展了一項名為「星鏈」(Starlink) 的計劃，目的是透過近 12,000 個人造衛星，為全球提供無縫兼直接 (即不用經過網絡供應商) 的互聯網服務。現時發射的衛星已接近 1,800 個，他日正式落成，有望令導航服務更上一層樓。

南針和陀螺轉動 (gyroscopic motion) 原理的自動導向和駕駛系統。隨著民航事業的發達，遠程的大型飛機大多裝有這種「自動輔助駕駛系統」(autopilot)。1947 年，美國空軍一架運輸機便利用這個系統跨越大西洋，其間完全不經人手 (包括起飛和降落)。

明明沒人駕駛但可以自動把乘客送往任何目的地的汽車，很

早便在科幻小說和電影中出現。然而，相比起飛行時的海闊天空，地面交通情況既擠擁又瞬息萬變，無人駕駛可謂談何容易。不過，過去十多年來，隨著人工智能 (artificial intelligence，簡稱AI) 急速發展，以及衛星導航系統日益普及，各國的科學家和企業家都努力將這個夢想轉變為事實，其中一些產品已經進入試驗階段。但至本書執筆時，仍未有一個國家正式批准這些產品在道路上行走。

有關自動駕駛系統的設計，初期有兩種不同的構想：第一種是載具 (汽車、運載囊) 本身沒有智能兼且完全被動，而協調交通的，是電子道路和背後的城市電腦中心 (可簡稱為「智能道路系統」)；第二種是載具本身擁有高度智能並且會不停彼此溝通，以達至最暢順的交通狀況。今天，發展方向較為傾向後者即「無人駕駛汽車」(driverless car，又稱 autonomous vehicle 或是 robo-car)。但兩種設計其實並不排斥，而是相輔相成的。

智能汽車可以安全地左穿右插，靠的主要是三種技術：雷達測距、光達 (lidar，是 light detection and ranging 的縮寫) 測距，以及透過攝影機監測結合人工智慧分析的判斷。光達的原理與雷達和聲納一樣，只是用的是激光而非無線電波。它的精準度比雷達高，卻也更昂貴。

Ⓢ 聚焦科學

為甚麼救護車的笛聲會不斷變化？

　　回答這個問題前，必須先認識多普勒效應（Doppler Effect）。這是指無論是發出聲波還是光波的物體，相對於某一個觀測者，如果這個物體正在靠近，聲波或光波的波長（wave length）都會減低（被壓縮），而頻率（frequency）則會上升。相反，如果物體正在遠離觀測者，聲波或光波的波長會增加（被拉伸），而頻率會下降。

　　試回想一下我們站在路邊時，有一輛正在鳴笛的救護車經過。在聽覺上，我們會感覺救護車趨近我們的時候笛聲較尖，在遠離我們的時候聲調則較沉，這便是多普勒效應的作用。而雷達和利用激光的光達同樣可透過多普勒效應，計算出周遭車輛的速度。

智能汽車好壞參半？

無人駕駛汽車的好處包括：

- 免除駕駛車輛所需的時間和精神，讓人們可以更享受旅程，還可在旅程中做其他事情（如閱讀、下棋、打電玩、看電影等）；
- 提升道路的使用效率，減少擠塞，令交通更為順暢；
- 減少交通意外，以及由此導致的人命傷亡和財產的損失。

現在讓我們逐點看看。

就第一點來說，以駕駛為樂趣的「愛車人士」自是不以為然。但對大部分駕駛者（特別對害怕駕駛的人），這無疑是一大好處。

就第二點來說，由於自動駕駛系統（電腦）的反應時間較人類的快很多倍，平均車速可以提升，車輛之間的距離亦可以縮短，道路的使用效率也因而大幅提升。其他情況如轉線、小路出大路、大路入小路、在紅綠燈前停車和起動等，也可協調得更好，令交通暢通無阻。同時，電腦可因應各地路面的最新情況，靈活地將每輛車送到最暢順的路線之上，那就能以最短的時間抵達目的地。

第三點是最令人期待的。因為如上文所述，絕大部分交通意外都源於人為錯誤，無論這些錯誤來自疏忽、暴躁、醉酒還是疲勞。將人的因素剔除後，交通意外的次數將會大減。這無疑會大大減少這些意外帶來的痛苦，是人類社會的一大進步。

然而，不少人亦對這種發展趨勢有所保留，主要的原因包括：

- 電腦和任何機器一樣都有機會失靈，而自動駕駛系統失靈的後果可以非常嚴重（2018年發生了第一宗相關意外，有途人被試驗中的無人駕駛汽車撞死；2021年4月，一輛無人駕駛汽車失控撞向路邊，車內兩名試驗員身亡）；

- 電腦如何聰明，也難以擁有人類豐富的生活經驗，所以在一些罕有的突發事件上，有可能會作出錯誤的判斷，導致不必要的意外和傷亡；

- 駕駛系統有可能被「黑客」（又稱「駭客」）入侵，令車輛故意失事，或駛往乘客不願意前往的地方（不少電影已經作出類似的描述）；

- 一旦出現意外，將會引起複雜的倫理和法律責任問題。

也有人指出，完全依賴衛星導航的自動駕駛系統始終存在風險，因為一旦系統出現故障便會引發交通大混亂和嚴重的意外。

如果不幸大國之間出現軍事衝突，這些導航系統將會成為首要的攻擊對象，由此導致的交通混亂和癱瘓令後果不堪設想。（當然，同樣的憂慮也適用於好像輸電網、水壩等設施。）

「手動超控」的困惑

這兒有一個重要考慮，就是自動駕駛系統是否應該設有「手動超控」（manual over-ride）的選項，亦即在特殊情況下，乘客是否可以取消系統的自動運作，而改以人手操控？原則上這個選項會令乘客心理上好過一點，因為不會出現因為系統失靈，汽車衝向懸崖而乘客完全坐以待斃的情況。但在現實世界，相信這個

選項只屬聊備一格，因為在車速提升、車距縮短的情況下，人的反應速度根本不可能起到任何扭轉乾坤的作用。相反，這個選項有可能帶來人為錯誤的風險。究竟將來的自動汽車會如何處理這個問題，我們還需拭目以待。

按照現時的發展，無人駕駛交通將是大勢所趨，但我們必須儘量在各個層面也考慮周全，以求最大限度發揮這種科技的優勢，同時減低它可能帶來的負面影響。

更環保
——極速「去碳」的挑戰

更環保
——極速「去碳」的挑戰

電動車抬頭　陸上交通現新形態

陸上交通的二氧化碳排放佔了交通總排放量四分之三以上，其重要性自不待言。今天，「去碳」的主要方向是「電動化」。不要以為電動車是甚麼新鮮事物。要知電池的發明乃早於內燃機的發明，而早於1834年，人們已經製成了第一部電力推動的汽車。但由於當時的電池非常笨重而行走的距離有限，所以未能普及。汽車真正的普及，還有待19世紀末內燃機的發明。踏進20世紀，電動車已被世人所遺忘。

隨著空氣污染問題和全球暖化危機逐漸惡化，石油也終有一天消耗淨盡，加上電池技術取得長足發展，電動汽車終於在21世紀初再次抬頭。但領風氣之先的不是全電動車，而是1997年由日本豐田汽車公司 (Toyota) 推出的「油電混合動力汽車」

(hybrid car)——「普銳斯」(Prius)。這部汽車主要仍是燃油推動,但它每次減速時,會將多出的能量為車上的電池充電。電池的電力稍後可用於推動汽車,從而減低燃油的消耗。

這個設計十分聰明,使「普銳斯」一直以來都高踞「最節省燃料汽車」的首位(純電動車不包括在內)。雖然它的售價較同類型汽車為高,但長遠來說,它能夠為車主節省一大筆燃油費用,所以仍然合乎經濟原則。以同一里數計算,混合動力車的二氧化碳排放量只有同類型汽車的40%左右,所以亦符合環保原則。

當然在徹底「去碳」的大前提下，這種車只屬一種過渡性產物。發展的大趨勢是完全沒有二氧化碳排放，也不製造空氣污染的純電動車（electric vehicle，縮寫為EV）。第一部面世的普及型號，是日本日產汽車公司（Nissan）於2011年底推出的「聆風」（Leaf）。翌年6月，美國新成立以專門製造電動車的「特斯拉」公司（Tesla）推出了高檔次的 S 型（Model S）。自此以後，世界各大汽車廠都陸續推出檔次不同和大小不一的電動車型號，這個市場才終於成形。（說是「終於」，因為早於上世紀90年代，美國的通用汽車公司已經研製出第一代電動汽車，但後來認為會損害到它銷售燃油車的核心業務，於是把計劃取消並悄悄銷毀數千輛電動車。）

　　除了價錢較昂貴之外，電動車推出初期，很多人都因為害怕它的起動能力（加速度）、馬力（動力 power 的俗稱，沿自馬車時代的 horsepower 一詞）、續航力（range）等各種表現皆遜於傳統汽油車而卻步。十多年來，這些表現都在不斷改善，以至「汽車發燒友」也開始對電動車刮目相看。

　　最高級的電動車已經可以在充電後一口氣奔馳近400公里，即使較普及的型號，也可達300公里左右。除非我們經常「穿州過省」，否則對一般居住城市的人已十分足夠。

使用電動車的喜與憂

電動車的一大優點是它產生的噪音較汽油車低很多，以致一些廠商要為它加進一些由司機控制的警示聲，以防行人對它毫不察覺而造成意外。電動車時代的都市將是一個較今日更為寧靜、空氣更為清新的地方。在我們的後代看來，短命的「汽油車年代」必然是一個令人難以忍受，既污穢又嘈吵的「史前時代」。

然而，電動車迄今仍未能全面取代汽油車，主要原因是充電的配套設施不足。在一般大城市中，為汽油車補充燃料的「加油站」比比皆是，司機完全不用擔心半途燃料不足。相反，城市中為電動車補充電力的「充電站」迄今寥寥可數。如果行車時不慎讓電力耗盡，便會出現十分狼狽的情況。當然，箇中的差別跟「入油」和「充電」時間差異有關。通常要注滿一個油缸只需3、4分鐘，但要將一個電力耗盡的電池重新充電，時間需以小時計算。也就是說，依靠路邊的充電站充電根本不切實際。

要解決這個問題，一個建議是每次更換整個電池。但因為技術上的種種困難（電池是非常沉重的物件），這個建議未有被廣泛採用。近年的發展方向，是研發出愈來愈先進的「快充」(fast-charging)技術，例如可以在20分鐘內把電池充至半滿（或30分

鐘內充至80%）以濟燃眉之急。但對於不少人來說，每次在充電站停留20至30分鐘仍是難以接受，所以能夠在數分鐘內換上新電池仍是一個吸引的方案，特別是對長途的重型貨車而言。

　　至於市內用車，傍晚泊車後以普通充電設施充7、8個小時，便已足夠翌日一整天之用，如此路邊的充電站實非必需。但問題是，除非我們住在獨立屋並有自己的車房，否則多層大廈的泊車位置一般沒有電力供應。要在泊車位置安裝供電設施，既要向大廈管理處申請又要花費一筆金錢，這是很多人不願加入「電動車主」行列的主因。為了推動電動車的發展，不少國家唯有以稅務減免作為招徠。

電動車的鋰電池組

　　一些人指出，電動車本身雖然沒有碳排放，但假如它們所用的電力乃由化石燃料所產生，那還不是會導致碳排放嗎？原則上這是對的，但計算下來，即使電力來自排放量最大的燃煤發電，比起內燃機汽車，電動車的排放量仍然較低。假如發電燃料來自排放較少的天然氣，減排成效自然更大。最後，如果電力來自沒有碳排放的核能或太陽能、風能等「可再生能源」，更可實現「零排放」的理想。

電池的發展

　　現今電動車所用的主要是鋰離子電池(lithium-ion battery)。如何能發展出儲電量更大和充電時間更短的「超級電池」，是全世界頂尖科學家和工程師正在致力研究的重大項目。

　　曾經有一段時期，「氫燃料電池」(hydrogen fuel cell) 被認為是未來交通的最佳能源。這種電池產生電力的原理與一般電池截然不同，它是透過氫氣和氧氣在催化劑 (catalyst) 的作用下結合成水(二氫一氧)而產生電力。由於氧氣可以來自空氣，所以「氫」本身可被看成一種燃料，只是它的「燃燒」不產生熱而直接產生電。

聚焦科技
各式電池大比拼！

在把陽光轉為電能方面，一項令人期待的發展是「鈣鈦礦石墨烯太陽能電池」(graphene-based perovskite solar cell)，這種電池的換能效率達30%之多，比一般太陽能電池高出近一倍，因此已經成為各國爭相研發和普及的技術。

在把產生了的電力儲存方面，一個同樣令人期待的發展方向是比鋰離子電池更高效的鋁離子電池 (aluminium-ion battery) 和更先進的鋁空氣電池 (aluminium-air battery)。由於鋁在地層中的含量較鋰高得多，因此這項發展可望把電池價格大幅調低。

地球的大氣層中沒有氫氣，那麼氫從何來呢？要製造氫，最直接是將水進行「電解」(electrolysis)，把其中的氫釋放出來。但這種方法耗電量太大了。今天工業用的氫氣，大多由天然氣 (natural gas，主要成分是甲烷) 透過「蒸汽甲烷重整」(steam methane reforming，縮寫為SMR) 的方法製造。

由於氫氣的製造要耗能，所以「氫」只是一種「燃料」(fuel) 而非一種「能源」(energy source)。但也因為這樣，以此為動力的汽車比一般電池車具有一項很大的優勢，就是它可以快速地補充「燃料」以續航，不似前者要花長時間充電。

其實早於上世紀60年代，這種新型電池便已被應用於人造衛星和無人太空探測器的運作。人們想到用它來推動汽車，是因為它的唯一產物便是水，完全不會污染環境。「燃料電池車」至今未能普及，是因為氫是一種易燃的危險物質，處理不好可能會引發爆炸（汽油當然也是易燃的危險品）；而且氫是一種氣體，需要龐大的儲存空間，我們雖然可以把它壓縮以減低容積，但減低程度有限，亦增加了使用時的危險。

然而，隨著科技進步，特別是「質子交換膜燃料電池」(proton exchange membrane fuel cell) 的發明和不斷改良，燃料電池車已由構想變為現實，但它的發展步伐緩慢。美國通用汽車公司早於1966年便已研製出第一部「燃料電池車」(fuel-cell electric vehicle，縮寫FCEV)，但大眾有機會駕駛這種汽車，則有待韓國的現代汽車公司 (Hyundai) 及日本豐田於2015年推出的型號在美國加州面世。迄今為止，這類汽車的銷售仍然遠遠落後於傳統的電池車。

那麼這類汽車是否沒有前途呢？在房車（俗稱「私家車」）而言的確並不樂觀，但對於需要作長途旅程的重型車輛，情況卻有所不同。因為這些車輛要有很高的動力和續航力，能夠快速補充動力的「燃料電池貨車」(fuel cell truck) 就能佔優。

「可燃冰」可救地球？

　　大家可能聽過「可燃冰」，並得悉它是一種富有潛質的未來能源，但事實是怎樣的呢？

　　「可燃冰」的正式名稱是「甲烷冰」（methane ice），或更準確的稱作「甲烷水合物」（methane hydrate），即是固體形態的水於晶體結構中包含著大量甲烷。它們普遍存在於海洋底部低溫和高壓的地層之下，人們建議開採它們，是為了獲得其中的甲烷。

　　甲烷是生物死後的殘骸腐爛而產生的氣體，也就是天然氣（即我們家中用的煤氣）的主要成分。燃燒它會產生二氧化碳，所以也是我們在對抗全球暖化危機時要極速取締的對象。謂人類可以用可燃冰來填補石油的不足，是一種飲鴆止渴的愚蠢行為。

　　由於甲烷本身是一種較二氧化碳還要吸熱的「溫室氣體」，科學家正憂慮海洋不斷升溫，有可能令這些甲烷水合物大規模融解而釋出甲烷。當這些甲烷升出水面進入大氣層，全球暖化將會變得一發不可收拾。

數年前，加拿大亞伯拉罕湖曾冒出甲烷氣泡，這些氣泡竟因為湖面結冰後而保存下來。

另覓燃料　拯救海空交通

在海運和空運方面，由於需要的動力很大，「電池輪船」和「電池飛機」並不切合實際。我們需要的是能夠輕易被儲存和運送、可以快速補充，以及能夠提供更大動力的液體燃料 (liquid fuel)。在對抗全球暖化危機的道路上，要發展出一種沒有碳排放的液體燃料，是一項高難度的挑戰。

在國際減排協議中，這類燃料也構成很大困難。顯然，一個國家之內的航運和空運引致的碳排放，應該被計算到這個國家的排放量，但國際航運和空運的排放責任卻極難釐定。例如一班航機從廣州經新加坡前往悉尼，途中的排放應該計算在中國、新加坡還是澳洲之上呢？正因如此，由1997年簽署的《京都協議書》至今，有關的燃料 (「船用燃料」和「飛機用燃料」，英文統稱 bunker fuel) 排放都沒有被列入需要監察和管制之列。但這是極不理想的情況，因為交通排放增長最快的，正是海運和航空這兩個領域。

直至今天，這兩個領域採用的燃料主要仍是各種燃油 (fuel oil)。為了減低空氣污染 (硫化物的排放是航運污染的重要指標)，航運業已部分轉用「液化天然氣」(liquefied natural gas，

縮寫LNG)。它的硫和二氧化碳排放都較燃油為低，一直被看成較環保的選擇，但從對抗暖化的角度卻絕不足夠。除了採用「氫燃料電池」之外 (仍在積極開發階段)，一個妥協是利用具有「碳中和」(carbon neutral) 性質的「生物燃料」(biofuels)。

生物燃料：用或不用？

　　人類最早用的「生物燃料」是木材，它之所以是「碳中和」，是因為植物要吸入二氧化碳才可形成軀幹 (木材)，而我們燃燒木材時，只是把這些二氧化碳歸還大氣層，並沒有增加大氣層中二氧化碳的水平。今天，用於陸地交通的「生物燃料」最主要是乙醇 (ethanol，即飲用的酒精)，一般提煉自粟米，也可提煉自其他植物，如巴西用的甘蔗。至於海運和航空用的是「生物柴油」(biodiesel)，它可以提煉自藻類、大豆、粟米、椰子、動物脂肪、廢食用油等多種物質。但要留意這些燃料一般不會獨立使用，而是混合傳統的燃油使用，是以迄今的「生物燃料交通」並未能夠做到真正的「碳中和」。

　　無論航運還是空運，生物燃料至今遠遠未能取代傳統燃油的地位。至於這是否我們必須致力的方向，學者們各有不同的見解。其中一個原因是大量使用生物燃料還會帶來惡劣的後果：許

多原本生產糧食的農地改為種植收入更佳的「經濟作物」(cash crop)，從而導致糧價上漲，「與民爭食」，令第三世界貧窮人口的糧食問題雪上加霜。而開墾新的耕地以滿足交通的龐大需求亦會破壞生態，例如東南亞不少地區 (特別是印尼) 不斷伐林種植棕櫚樹以滿足西方對棕櫚油 (palm oil) 的需要，便造成了嚴重的生態災難。一些研究更顯示，從開墾農地至把製品運到西方的油站，整個產業鏈的碳排放實際上高於「碳中和」效應帶來的減排，這樣根本得不償失。

如何利用一些不會「與民爭地 / 爭食」的植物來製造生物燃料，是「零碳交通」的一個重大研究課題。基因改造的藻類 (genetically-modified algae) 是其中一個研究方向。

S 聚焦科學
將煤「改造」為交通燃料有用嗎？

在開發石油以外的運輸燃料時，一個發展方向是煤的氣化 (coal gasification) 和液化 (coal liquefaction)。但這只會令煤的開採和使用持續一段更長的時間，令二氧化碳的排放繼續上升，與對抗全球暖化危機的「極速去碳」原則背道而馳，所以這做法極不可取。

一個有趣的問題是，在「減排」的大方向下，飛船（airship）這種空中交通工具會否復興？不要忘記最先讓人類漫遊天際的是熱氣球。將氣球造成長條形的麵包模樣再裝上發動機和螺旋槳，便成了可讓我們飛往任何地方的「船」。

　　第一艘飛船早於1852年便已面世，19世紀末20世紀初，德國的齊柏林公司（Zeppelin Company）建造了多艘裝有金屬支架的大型商用飛船，其中一些曾於第一次世界大戰時被徵用來轟炸巴黎和倫敦。1937年5月6日，一艘名叫「興登堡號」（Hindenburg）的齊柏林飛船橫越大西洋後，在美國新澤西州降落期間因氫氣爆炸而焚毀。自此（當然也因為飛機的長足發展），

英國於1920年代末製造出飛船——R101，是當時全球最大的飛船。

人們對飛船的興趣大減。

當然，飛船的復興端視乎我們能否接受漫長得多的飛行時間，例如由香港飛往日本的時間會由數小時變為數天。

將來主要的航空交通工具會是「電池飛機」、「氫燃料電池飛機」、「生物燃油飛機」，還是有如動畫《天空之城》裡的「飛船」？至今仍是未知之數。

89

更快捷方便（一）
——陸上交通

89

更快捷方便（一）
——陸上交通

突破距離的限制

於上世紀40年代首次提出「同步軌道通訊衛星」
(geosynchronous communications satellite) 構想的著名科
幻大師克拉克 (Arthur C. Clarke) 曾經認為，隨著通訊技術突
飛猛進，人類將來應該不再需要天天舟車勞頓，因為絕大部分
交往都可以透過先進的通訊進行。他的名句 "Don't commute,
communicate!"可以譯作「不需舟車勞頓，只需保持通訊！」

大半個世紀後，在 2020/21年的全球大瘟疫影響下，家
居上班 (work from home，簡稱WFH) 和網上會議／網上學習
(online meeting / learning) 等大行其道，我們終於領略到克拉
克的前瞻性智慧。

但在另一方面，克氏卻大大低估了人類喜愛出門和旅行的天

性，也沒料到「處於同一空間的面對面交流」是如何無可取代。事實是，過去近一個世紀，通訊技術的發達超乎我們的想像，例如可以近

乎免費隨時跟地球另一端的親友進行視像交談，但交通的發達和全球人口流動的增長則更是驚人。

講求速度還是方便？

展望未來，除非出現了重大的全球災難（如更嚴重的瘟疫、氣候惡化導致全面的生態崩潰、大規模的軍事衝突甚至核戰……），交通必然會繼續發展，而主要的發展方向必然是更方便、更快捷。

未來的交通除了必須更安全、更環保外，自然會朝著更快捷方便的方向發展。有趣的是，「快捷方便」看似同一個目標，但細心分析下來卻發現兩者原來是有抵觸的——「快捷」不一定「方便」，而「方便」則很難快捷。

火車的「快車」和「慢車」便最能說明問題。兩者的快、慢不在乎車輛的性能，而是關乎停站的次數多少。由於每次停站都要

經歷減速、停頓和重新加速的過程，再加上讓乘客上落的靜止時間，停站次數很少的「快車」平均車速自然高，而停站次數很多的「慢車」平均車速則低得多。前者快捷但對前往中途站的人並不方面；後者對住在沿途的人方便卻是不夠快捷。如何兼顧兩者，是任何交通系統設計的主要挑戰。

「點到點」的交通方便，也會壓倒速度上的優勢，最具體的例子是上海浦東機場至市中心的磁浮列車。這列車的速度達每小時300公里，是其他交通工具所不能及。但它只能到達市內的龍陽站，而乘客要帶著行李在那兒轉車到其他地方。結果，一部分人情願乘坐計程車，即使所花的時間長一點（除了車速較低還有可能遇著交通擠塞），但可以從機場直接抵達他要到的地方，比高速的磁浮列車方便得多。

聚焦數學

盤點最高速度紀錄！

　　截至2021年中，人類在地球表面迄今所達到的最高載人速度
是多少？

- **陸上**：1997年以噴射推進達到的時速1,228公里，即音速的
  1.06倍（Mach 1.06；1.06 馬赫）；
- **海上**：1978年達到的時速511公里；
- **海底**：因屬軍事機密而沒有準確資料，但記載中的最高潛艇航
  速是每小時83公里左右；
- **空中**：1967年達到的時速 7,200公里，即音速的6.7 倍（6.7
  馬赫）。

　　除潛艇外，以上都屬試驗性的速度。至於日常的民用交通工
具，速度當然低得多。在民用的交通系統中，迄今的速度紀錄（留
意是最高而非平均速度）是：

- **陸上**：法國TGV列車所達到的時速574.8公里；日本JR磁浮
  列車在山梨縣試驗線於2015年創下的紀錄是時速603公里；
- **海上**：不計小型快艇的話，是在阿根廷的拉普拉塔河（Rio de
  la Plata）服役的大型渡輪所創下的接近100公里／小時；
- **空中**：唯一一款超音速客機「和諧號」（Concorde）所創下的時
  速2,179公里，即音速的1.76倍；但由於「和諧號」於2003
  年已經停飛，所以現今最高的民航速度是波音公司（Boeing）
  747-8i型號所達到的時速1,062公里，即0.86馬赫。

嶄新交通科技　突破速度極限

　　直至20世紀中葉，大部分火車的最高速度皆介乎時速100至120公里。第一個突破是1964年在日本開通的「東海道新幹線」(Tokaido Shinkansen)。由於採用了嶄新的軌道、引擎、車廂等設計，它的速度首次達到時速200公里，故此有「子彈火車」(bullet train) 之稱。自此，這種「高速鐵路」(high-speed rail，簡稱「高鐵」) 在世界其他國家蓬勃發展，一般車速都在250至350公里之間。其中最矚目的是來往法國巴黎和里昂之間的TGV列車，因為它於2007年的試驗中達到了時速574.8公里，打破了路軌列車的速度紀錄。

　　另一項突破是1994年開通的「英倫海峽隧道」(English Channel Tunnel，又稱Chunnel)。這條連接英國和歐洲大陸的海底隧道全長50.5公里，既有火車通道又有汽車通道。但因為安全問題，行走其中的「歐洲之星」(Eurostar)列車的車速不能高於160公里。

　　在高鐵網絡的建設方面，中國的成就最是驚人。在短短20年間，中國建成了世界最大並幾乎涵蓋全國的高鐵網絡。至2020年底，幹線的總長度達37,900公里，佔了全球三分之二

之多。按計劃，這個長度會於2025年增加至6萬公里。但按照一些分析，由於大部分民眾負擔不起高鐵的高昂車資而選擇乘搭傳統列車，所以不少高鐵幹線因載客量不足而虧本。（這已是社會經濟學的問題而非交通科技的問題！）

要向更高速進發，我們便必須採用車輛與路軌之間沒有接觸的「磁浮」（magnetic levitation）原理，亦是上文提及上海磁浮列車採用的原理。

首先我們要明白，決定交通工具的最高速度有兩個主要因素，一個是向前的推動力，另一個是阻止它向前運動的摩擦力（friction）。要提升速度必須雙管齊下，儘量加大推動力和儘量減低摩擦力。

上海磁浮列車是沒有中途站的，全程約8分鐘。

在陸地，摩擦力主要來自車輪和地面的接觸。這兒有點弔詭，就是摩擦力既是我們的敵人也是盟友。之所以是敵人，因為它會消耗我們的能量，減慢前進速度。之所以是盟友，因為沒有了它，車子便難以操控。例如在雪地或濕滑的道路上（情況最差是結了一層薄冰的道路），車輪往往無法抓地，會失控滑行甚至造成意外。

火車的高性能正因為平滑的路軌表面大大減低了摩擦力的阻礙作用，但路軌本身則能規限著火車，讓它沿著正確的方向前進。

為了進一步減低摩擦力，科學家早於上世紀初已經想出了透過「電磁感應」作用（electromagnetic induction），令車身完全不用接觸車軌的「磁浮火車」（magnetically levitated train，簡稱Maglev）設計。透過「線性電動機」（linear motor，又按音譯稱「線性馬達」），電磁感應也同時起著推動列車的作用。

這是一個十分美妙的設計，但由於技術難度不少，特別是牽涉到需要極低溫的「超導技術」（super-conductivity technology），所以由構想到成為現實，竟花了近100年的時間。

第一輛載客的磁浮列車是1984年在英國伯明翰機場設立的連接列車，連接機場客運大樓和火車站。但這條路線只有600

米長，乘客不多且維修費用昂貴，至1995年便停辦了。1987年，德國在西北成功建設了一條長約32公里的實驗性磁浮列車Transrapid，及後一直改良，但從沒有正式投入商業服務。

90年代末，中國邀聘Transrapid公司建設連接上海的浦東機場和市中心的「磁懸浮幹線」。這條長30.5公里的幹線於2002年底開通，2006年正式投入服務，是世界上第三條商業營運的磁浮列車線路。列車的最高時速可達431公里，日常平均時速則約為300公里，單程只需7至8分鐘。

然而，磁浮列車營運費用高昂，智利聖地亞哥機場和德國慕尼黑機場的磁浮列車先後因資金問題被擱置。上海磁浮的虧損情況、發出的電磁輻射以及噪音對沿線居民健康的影響等，迄今仍是專家和民眾關注的焦點。

正由於這些問題，一些科學家指出磁浮列車的最佳運行地方不是在路面，而是在地底，更具體是在一條抽了真空（或接近真空）的地底管道。構想中，由於空氣摩擦大減，在安裝於管道旁的線性馬達推動下，懸浮空中的列車最高速度可達時速1,200公里，比一般民航飛機還要快。這個設計被稱為「超迴路列車」（hyperloop）或「超級高鐵」。

今天，連接城市與城市之間的「超迴路」建設成為了陸上交通的最熱門話題（特別是連接三藩市和洛杉機的「超迴路」構思），因為它完全符合更安全、更環保和更快捷的要求；還能滿足消費者最關心的票價問題，那就是應該比飛機票價廉宜得多。

但也有人指出，這種深藏地底、抽真空和超高速的交通系統一旦出現事故（如地震、恐怖襲擊等），後果將會不堪設想。

聚焦工程
超導技術的驚人能力！

除了磁浮列車外，超導技術還能應用於電力傳送、醫療設備、儀器檢測等等。這項技術需要使用的超導體，擁有「在低於某一溫度時電阻會變為零」的特性。由此推想，假如整個城市的電力傳送系統線路全部更換成超導體，豈不是能大大減少傳送電力時耗損的能源嗎？不過，由於超導性一般要在攝氏零下二百多度的超低溫才會出現，而「室溫超導」的研究至今未有成功，這個「理想」仍然有待未來不斷研究才能實踐。

幻想中的交通工具——飛行汽車

以上是跨城市的交通，在市內交通方面，不少人則開始提出：科幻小說中的「飛行汽車」(flying car) 真的有可能出現嗎？

早於1939年，人類便已發明了可以垂直升降的直升機 (helicopter)，它至今已被廣泛應用於軍事和民事的活動。（往返香港和澳門的直升機服務始於1990年，航程只需15分鐘。）但我們很難想像，它能夠發展成為市內的日常交通工具。我們追求的，是控制簡單靈活，而體積、寧靜度和能源消耗都低得多的「飛行汽車」。

而於1927年，飛行汽車便出現在由導演弗烈茲朗（Fritz Lang）執導的經典科幻電影《大都會》（*Metropolis*）之中。較近年的「亮相」是在1982年的《2020》（*Blade Runner*）、1997年的《第五元素》（*The Fifth Element*）和2002年的《未來報告》（*Minority Report*）。比較後兩者描述的情況是饒有意思的：《第五元素》中的「空中的士」由男主角駕駛，《未來報告》的則是全自動駕駛。看過這兩部電影的人都會立刻看出，前者的假設完全不切實際，因為在流量龐大的立體空間，只有反應速度快人類百倍甚至千倍的人工智能系統，才可安全地協調「空中汽車」的高速流動。《未來報告》設計的景象中，車輛主要沿著架空的車道由電腦協調穿梭，這顯然更符合未來的發展趨勢。

　　在技術上，飛行汽車用的並非甚麼嶄新科技，而是不斷改良的已有科技，那便是直升機所用的水平螺旋槳抬升作用，更具體來說是「四軸飛行器」（quadrotor）的技術，與近年蓬勃發展的民用「無人機」（drone）操作原理相同。今天，以此進行的「航拍」已經令我們重新領略周遭世界的美態。一些快運公司正在研究利用無人機來提供速遞服務，但各國政府仍在研究相應的交通管制法例。

　　「四軸飛行器」的發展可令「飛行汽車」成真嗎？關鍵在於發

「無人機」的正式名稱是「無人航空載具」（unmanned aerial vehicle，簡稱 UAV），民用「無人機」多透過四軸螺旋槳的協調來實現靈活的穿梭飛行。

動機（引擎）的動力（抬升力）和重量之間的比例。人們盼望隨著這個比例不斷上升，我們也許終可研製出價錢普及（當然是相對而言，例如只是今天汽車價格的兩倍而不是十倍）的載人飛行汽車。

加入噴射引擎以助抬升力又如何呢？從成本、空氣污染、噪音等角度來看，很難看到這會是發展的方向，特別對市內運作的飛行汽車而言，這就更難實現。

但按照上文的分析，即使技術困難一一被克服，飛行汽車也難以讓我們實現好像飛鳥遨翔天際的無拘無束。為了安全理由，

它們極可能成為市內自動駕駛系統（如「優步化」的計程車系統）的一部分。至於在郊外時能否轉為人手駕駛，重點已不在科技，而在乎權衡利弊的社會共識下的交通政策。

同樣的考慮也適用於早在1965年便在鐵金剛（James Bond）電影《勇戰魔鬼黨》（*Thunderball*）中亮相的「個人飛行器」（jet pack）。56年後，英國皇家海軍終於在2021年進行了一系列「飛行服」（flying suit）的海上試驗，並計劃將這種載具列為海軍執行任務時的常規裝備。

以筆者之見，這種飛行器即使不能成為日常的交通工具，也好應儘快成為危難事故中搜索與拯救（search and rescue）的標準裝備。

再度掀起單車熱潮

最後要提到的有趣一點，是在考察未來陸上交通時，在高科技（也高耗能）的飛行汽車的另一端，是最低科技（相對而言）、最不耗費能源、最不污染也最健康的一種交通工具：單車（又稱自行車或腳踏車）。上世紀60、70年代，單車曾經是中國大陸城市內的主要個人化交通工具，但隨著經濟起飛，它們已先後被

電單車（又稱摩托車）和私家車（房車、轎車）所取代。這雖然帶來極大方便，卻也造成嚴重的空氣污染，損害國民的健康（不用說還帶來大量交通傷亡事故）。近年來，世界上不少環保人士都極力鼓吹人們「返璞歸真」，重新以單車作為市內的一種既環保又可增進國民健康的重要交通工具，並且敦促政府實行「單車友善」(bicycle-friendly) 的城市規劃和交通政策。

在西方的一些國家例如荷蘭和丹麥，單車很早便已成為上班族的日常交通工具。當然，在阿姆斯特丹和哥本哈根行這些相對較小的城市行得通的方法，在洛杉磯或上海等超級都會實難以推行。一個折衷的辦法，是仿效不少城市已經為私家車所作的安排，那便是在集體運輸系統的車站旁建造免費的「轉乘停車場」(commuter parking)。

為了推廣單車的使用，一個較新的意念是「共享單車」方案 (bicycle-sharing scheme)。各地推行的方案在細節上雖然有所差異，但重點皆在於使用者無需擁有自己的單車，而可以在有需要時以不經人手的電子支付方式，從路邊租借單車使用；而在抵達目的地之後，把車子停泊在一些指定位置（不經人手的交還）即可。

結合以上的「轉乘停車場」概念，人們上、下班時可以透過「共享單車」來回往返集體運輸系統的車站。這可說是結合了方便與環保的一種最佳安排。

　　方才說「細節上會有所差異」，其中最主要的，涉及這種方案應該是私營、公營還是公私合營這個問題。香港於2017年以私營方式引入「共享單車」平台，但發展一直未如理想，其間的營運模式和政府的配套政策是關鍵。

　　以上的概念其實同樣可以用於不怕打風下雨和更為方便幼童、長者和傷殘人士的汽車，只是這些「汽車」應是一些由中央電腦系統調配的「無人駕駛電動運載囊」。如果這種「優步化」而廉價的「智能運載囊」與「集體高速運輸系統」結合的城市規劃得以全面落實，那麼「私家車」也許有一日會駛進歷史博物館。

更快捷方便（二）
——海上交通

18

更快捷方便（二）
──海上交通

航海的速度革命

過去一個世紀，雷達、聲納、氣象衛星圖象、衛星定位和導航等，為海上交通的安全帶來了革命性的變化。在速度方面，上世紀亦見證了「水翼船」（hydrofoil）和氣墊船（hovercraft）的誕生。兩者都是為了減低水的摩擦力（在水中我們稱之為「阻力」或「拖曳力」，英文是drag）而設計的。（留意航海界至今仍習慣用海哩（nautical mile）作距離單位和「節」（knot）作為速度單位。一「節」等於時速1.852公里，為了統一，下文會繼續用公里。）

水翼船的興起

「水翼船」用的是流體力學中的「白努利原理」（Bernoulli's principle）：水翼的剖面就像飛機的機翼一樣，上面拱而下面平。結果在前進時，做成了頂部的水流速度較高而底部的則較低

這種情況。由於水壓會隨著水流速度上升而減少（白努利原理），結果導致頂部水壓低於底部水壓，這個水壓差會形成一股浮升力，將水翼及它們所承托的船隻抬升起來。只要船底的大部分（除了尾部的車葉部分）被托離水面，水的拖曳力將會大減，船隻便可以更快速更省能地前進。

水翼船可分為半浸式（surface-piercing）和全浸式（fully-submerged）兩大類，上圖為半浸式水翼船。

⚛ S 聚焦科學
空氣流動的實驗

　　顯示白努利原理的一個簡單實驗，是把兩張紙用手吊在我們咀唇的左右兩旁，然後我們用力地向前吹氣。我們會發覺兩張紙會向中間靠攏，並緊貼起來。這是因為我們吹氣時，紙張之間的氣壓因為空氣迅速運動而下降，兩旁相對靜止的空氣會因為氣壓差而把紙張推向中央。

來往香港和澳門之間的航線於1975年引入第一艘水翼船，將原本需要數小時的航程縮減至一個多小時。今天的「噴射飛船」(Jetfoil)時速可高達93公里，跨越港、澳兩地只需60分鐘。

要消除水的拖曳作用，最徹底的辦法是把船隻以噴氣托起，使船底完全離開水面，這便是「氣墊船」的操作原理。然而，這種做法有利亦有弊：首先，拖曳力消失的代價是我們不能以船尾的車葉推進，而必須好像螺旋槳飛機般以空氣作介質推進，以致減低了推進效率。此外，因為船隻懸浮空中，穩定性和可操控性都會大打折扣，如果遇上強風，單是維持在既定航道也要消耗不少動力。大風浪期間，船上亦會極其顛簸。最後，把整艘船提升至離開水面，噴氣所消耗的燃料相當驚人。（同樣原理也可製造「氣墊車」，但它的噪音和揚起的沙塵更加令它無法普及。）

歷史上最著名的氣墊船航線，是1968至2000年間橫越英倫海峽(English Channel)的渡輪服務。其中最大的船隻可載客254人，汽車30輛，最快紀錄是22分鐘從英國抵達法國。但科技如何先進也敵不過經濟效益的考量，渡輪服務最終無法過渡至21世紀。今天橫越英倫海峽的主要途徑是上文提到的海底隧道。若以船隻橫渡，主要用的是大型「雙體船」(catamaran)。

　　大家可能知道，今天行走港、澳之間的渡輪大多是「雙體船」。雙體船是把兩個或以上各自具有獨立推動裝置的狹長船體，橫向地連在一起組成的連體船（若把3隻船體串聯，則稱為三體船），而載客和載貨艙一般建在連接船體的甲板之上。由於多艘直向的船體橫向地連接在一起，在海上便可承受較大的風浪，不易翻船。在高速航行時，狹長的船體則可以大幅降低水的阻力。這種設計可說在快速和穩定之間取得最好的平衡。

圖中的三體船設計能在高速和穩定中取得平衡。

以上說的都是在近岸航行的船隻，由於遠洋船隻體積龐大重量驚人，也要承受巨大得多的風浪，所以「水翼」和「氣墊」都派不上用場。巨型油輪、貨櫃船、豪華郵輪等主要採用「食水」（指船身入水的深度）很深的傳統設計，時速一般在40至55公里（20至30節）之內。如此下來，發展的重點應該會更注重安全、省能、環保，而非大幅提升速度之上，例如上文提及的「氫燃料」便會是其中一個主要發展方向。（在環保方面，除了硫化物的排放外，歷來大型船隻因意外而漏出燃油，同樣是導致生態環境災難的重要源頭。）

更快捷方便（三）
——空中交通

更快捷方便(三)
——空中交通

航空交通大躍進

噴射引擎 (jet engine) ——內燃機加上將空氣壓縮加熱噴射的設計——取代螺旋槳 (rotor)，是航空速度上的大躍進。在安全上，航空也同樣受惠於雷達和衛星導航的發展。在普及方面，於1970年推出的首代「廣體客機」——被稱為「巨無霸噴射機」(jumbo-jet) 的波音747型號——為民航界帶來一場革命。自此以後，乘坐飛機旅行不再是富豪的專利，普羅大眾「坐飛機遊埠」再也不是夢想。

在以往的「窄體客機」，客艙中只有一條通道，而一排的乘客數目為4至6人。廣體客機有兩條通道，一排最多可坐10個乘客 (座位數目為3、4、3的設計)，一般可以容納200人左右。

迄今最大的廣體客機，是歐洲「空中巴士」公司 (Airbus) 於

2007年投入服務的 A380。雖然之前的一些波音客機型號已有雙層設計(不計載貨層),但只限於機身前方。A380是第一架從頭到尾都設有雙層客艙的民航機。它日常的載客量是525人,有需要時更可以增加至853人,是人類迄今載客量最高的飛行物。

渦輪風扇引擎
給飛機前進動力及提供電力的設備。

超越音速的瞬間

聲音在空氣中傳遞的速度大約(會隨氣溫變化)是每秒341米,亦即時速 1,235公里。上世紀初,科學界曾經出現大辯論,爭議人造的飛行器能否打破這個被稱為「音障」(sound barrier)的界限。一些人認為這是一個不可超越的屏障,因為飛機在達至音速時,前方的聲波趕不及讓開,結果會導致愈來愈激烈的振動,最後令飛機解體。

1947年10月14日是一個劃時代的日子，美國空軍的查克·葉格 (Chuck Yeager) 當天駕駛一架特製的 X-1 飛機，在13.7公里的高空達到超越音速的速度，證明「音障」是可以衝破的。自此以後，「超音速噴射戰鬥機」(super-sonic jet fighter) 成為了各國空軍的皇牌。到了今天，不少型號已可以達至音速的兩倍或以上。最高速度的保持者 (不一定等於性能最好) 是俄羅斯的米格25戰機 (Mi-25)，速度可達 3.2 馬赫 (Mach 3.2)。

超音速民航時代

第二次世界大戰後不久，人們已經期待著超音速民航機的出現。終於，英、法合作的「和諧號客機」(Concorde) 在1969年首飛，並於1976年投入服務。它的最高載客量是128人，最高

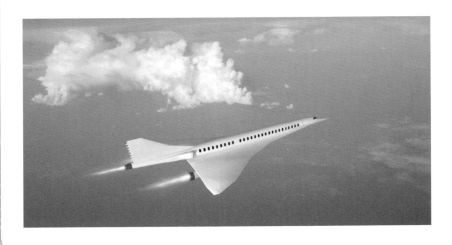

航速達音速的兩倍。主要用於倫敦希斯路機場至巴黎戴高樂國際機場的航線，以及往返於紐約甘迺迪國際機場的跨大西洋定期航線。作為一項環球宣傳活動，一架和諧號客機於1976年11月6日訪港，並降落於當時的啟德國際機場。對於熱愛航空的人，這是令人感動的一刻。

但好景不常，這個「超音速民航時代」（只是對於少數負擔得起高昂票價的人而言）只是維持了27年。由於成本上升業務下降，經營者於2003年宣布破產，所有客機停飛。在交通史上，這可說是一趟最巨大的商業失敗。

失敗的原因除了經營不善之外，也涉及技術和環境問題。原來「音障」雖然可以被衝破，但超音速飛行期間，飛機產生的「衝擊波」（shock wave）會向四周擴散，而在抵達地面時，會做成「音爆」（sonic boom）現象。「音爆」除了帶來巨響外，還會令地上房屋的門窗劇烈震盪和玻璃爆裂，甚至使天花和牆身的抹灰剝落。由於居民和環保團體強烈抗議，各國政府唯有規定客機的航線只能跨越洋面和陸地上渺無人煙的地方。不用說，這決定對商業營運帶來很大的困難。（船隻在海上高速行駛時也會產生衝擊波，海面的小船會在衝擊波經過時被猛烈拋蕩。）

差不多同一時間，蘇聯也研製出名叫「圖-144」（Tupolev Tu-144）的超音速客機。它的首飛時間（1968年底）和投入服務時間（1970年）較和諧號還要早。但時值美國和蘇聯的「冷戰」（Cold War）時期，被稱為「鐵幕國家」的蘇聯與世界交往不多。而因為技術問題（機艙內噪音太大、降落時需要像噴射戰鬥機般採用減速傘減速……）以及曾經出現致命意外，它的壽命十分短暫——1978年停止客運只留貨運、1983年全面停飛。

　　事隔多年，隨著科技進步（新的引擎、新的材料、新的電腦控制系統……），超音速客機最近又重新被提上議程。的確，今天由香港飛往倫敦最快也要12小時，如果以音速的兩倍飛行，這個時間可以減至5、6小時，對旅客實在十分吸引。一些設計者提出了更大膽的「超高音速飛機」（hyper-sonic aircraft）構想，目標是以音速的4倍飛行。若能實現的話，將把上述飛行時間降低至3小時以下。

環遊世界的時間

　　隨著科技發達，這個時間還可以縮短嗎？這兒我們必須懂一點天體力學。原來一個物體（如太空船）環繞一個天體（如地球）運行的周期，與它跟天體的距離成正比（嚴格來說是周期的平

更快捷方便（三）
——空中交通

方與軌道半徑的3次方成正比）。也就是說，距離愈短則周期愈
短。例如月球離地球38萬餘公里，環繞地球一周需時27.3日；
國際太空站離地面408公里，環繞地球一周只需時93分鐘左右。
19世紀一本著名的小說名叫《八十日環遊世界》，今天人類1個半
小時便可環繞地球。

　　如此看來，我們最終可否把飛機環繞地球的飛行時間縮減至
只有10多分鐘？答案是不可能。原因是(1) 408公里只是很短的
距離，即使減至零也不會令約90分鐘的周期減去多少；以及更
重要的(2)國際太空站身處沒有空氣的太空，若在接近地面的大

129

氣層之內，如此高速會遇到極大的空氣阻力，激烈的摩擦會產生高溫令機身融化。

要避免空氣的阻力，科學家提出了「太空飛機」(spaceplane) 的構想，那便是飛機升空後會有部分時間進入大氣層頂部的太空，待接近目的地時才返回大氣層然後降落。一些尖端科技企業已經對外宣傳，會在本世紀中之前實現將乘客於一小時內送往世界上任何地方的「一小時生活圈」超級航空服務。這項服務若能實現 (當然會非常昂貴)，乘客還可於中途的「亞軌道飛行階段」(sub-orbital flight) 享受處身太空的滋味呢。

不用說，這構想對飛機的推進能力有極高要求，也極其費耗燃料和造成巨大污染，是以迄今為止，有關設計仍在論證階段。

最後要一提的是，人類的飛行壯舉已經在地球以外的天體上實現。大家可能知道，月球上早已出現過有人駕駛的月球車 (Moon rovers)，而火星上則有無人駕駛的火星車 (Mars rovers)，但另一個重大突破卻要到21世紀第三個十年才出現，那便是在2021年4月19日在火星表面起飛的火星直升機「機智號」(Ingenuity)。 須知火星的大氣層非常稀薄，表面的大氣壓

力只有地球的1%左右。要在如此稀薄的空氣中升空實在談何容易。「機智號」除了機身特輕外，螺旋槳的轉速達每分鐘2,500轉以上。它第一次在火星表面試飛雖然只是維持了短短39秒，但其意義的重大，可以跟1903年萊特兄弟的飛行相提並論。

通向宇宙的
未來交通

82

通向宇宙的
未來交通

探索宇宙的進程

　　20世紀見證著人類首次衝出地球進入太空，無人的太空探測器甚至已衝出了太陽系，直奔向無盡的星際空間（1977年發射的「航行者1號」）。而載人的太空船亦已降落地球以外的另一個天體（1969年「太陽神11號」的「鷹號」登月艇）。迄今為止，曾在月球上活動的人類共有12個，最後一次乃於1972的「太陽神17號」探月任務。

火箭的原理

上文提過陸運中的地面、水運中的海水，以及空運中的空氣一方面為運動帶來阻力，但另一方面也提供了「反作用力」(reaction force)，令這些交通工具可以前進 (牛頓的第三運動定律：「一切動力都會產生大小一樣但方面相反的反作用力」)。汽車向前邁進，是由於地面作用於輪胎的反作用力；我們划槳而船向前行，是因為水施於槳及船的反作用力。然而，由於太空是真空 (vacuum) 的，沒有介質可以提供「反作用力」，傳統交通工具包括飛機也完全無用武之地。能夠令我們在太空中活動自如的只有一個方法：火箭推進 (rocket propulsion)。

火箭推進的原理，其實也屬於第三定律的應用。只不過在這兒，我們以被噴出的物質來提供反作用力而已。相信大家都試過：我們用力吹氣把一個氣球吹至脹滿，然後鬆開噴氣口，氣球便會橫衝直撞地飛來飛去，這兒起作用的，正是基於第三定律的火箭推進原理。

但這是否表示我們要不斷噴發物質才可前進，否則會像氣球般因空氣用盡而停頓下來？可幸答案是「不需要！」這是因為按照牛頓力學的「第一運動定律」（一個有違直觀的偉大洞見），在

沒有外力的影響之下，任何物體一是處於靜止狀態，一是按照一個恆穩的速度以直線前進。也就是說，只要火箭推動令太空船達至某一速度，由於太空中沒有介質產生摩擦或拖曳力，即使火箭熄滅了，太空船仍然會以最後達至的速度向前飛，直至永遠（如果忽略附近天體的引力作用的話）。上述橫衝直撞的氣球之所以停頓，既因為空氣阻力，也因為地心吸力令它最後墜回地面。

　　當然，在太陽系內的飛行，必須把附近天體包括地球、月球、太陽等的引力作用計算在內。太空船在多個天體引力的影響下會沿著怎樣的軌跡 (trajectory) 運動，正是「天體力學」(celestial mechanics) 和「太空航行學」(astronautics) 所研究的課題。

火箭的歷史

　　讓我們回到火箭推進技術之上。中國人早於唐朝便發明了火藥 (gun powder)，並以此製造出用於喜慶節日的煙花。到了宋朝，「火箭」已經成為戰場上一種攻擊武器。然而，由於它的穩定性問題，故始終未有普及使用。火藥傳至歐洲而用於戰事，也主要用於發射大炮。火箭首次被認真地用作攻擊武器，是希特拉在第二次世界大戰末期發展的「復仇火箭」計劃，可幸它未有大

規模開展德國便已戰敗。

火箭能夠成為讓人類征服太空的交通工具這個大膽構思，最先來自有「太空航行之父」之稱的俄國學者齊爾考夫斯基 (Konstantin Tsiolkovsky)。他於19世紀末發表的著作中不但提出了這個想法，更提出了「多級火箭」的精彩構想。

科學家利用牛頓的萬有引力理論，早已計算出一個物體從地面發射而進入環繞地球的軌道所需的最低速度，以及能夠擺脫地心吸力的羈絆前往其他天體的最低速度。前者稱為「軌道速度」(orbital velocity)，時速是每秒7.8公里；後者叫「逃脫速度」(escape velocity)，時速為每秒11.2公里。齊氏很早便看出，以人類所能建造的火箭，無法一次過達到這些速度。然而，他想到一個巧妙的設計以克服這個困難。

「多級火箭」的原理是把火箭分為數節，每一節的燃料用盡後，燃料艙會自動脫落以減輕重量，而對上連接的一節火箭才會點火。如此一步一步卸去，最後一節火箭愈飛愈快，最終把有效的負載 (effective payload) 送

到預定軌道。這種設計是人類征服太空的關鍵，以同樣多的燃料令太空船達至更高的終極速度。

迄今為止，人類用的火箭皆為「化學火箭」(chemical rocket)，所用的燃料可以是固體也可以是液體。推動「液體燃料火箭」發展的先驅是美國科學家羅伯特‧戈達德 (Robert H. Goddard)。由於液體燃料的流量可以被精確控制，從而令火箭更易操控，戈氏因此被稱為「太空航行技術之父」(Father of Astronautics)。留意太空中因為沒有氧氣助燃，所以必須把燃燒用的氧化劑也帶上。例如登月用的「農神 5 號火箭」(Saturn V rocket)，便使用上了大量液態氧 (liquid oxygen，簡稱 LOX) 作為助燃劑。

農神 5 號火箭使用的 F–1 火箭引擎

無論是固體還是液體燃料，我們最感興趣的是燃燒時所能達到的最高「噴氣速度」(exhaust velocity)。今天的化學火箭可達至每秒4至5公里。就可見的將來，即使用上最高質的燃料和最強力的氧化劑，所能達至的速度也很難超越每秒10公里。為了飛得更快和更遠，科學家考慮的未來推進方法包括：

(1) 離子火箭(ion rocket)

原理來自電荷同性相拒所產生的強大排斥力。在具體的設計中，一些特別易被電離(ionised)的重金屬元素，如汞(mercury)、銫(caesium)或鎘(cadmium)等首先被氣化，跟著在電離室受到高能電子束的轟擊而電離；電離後的陽離子(cation)會被兩塊帶有高電壓的電柵所加速，最後以極高的速度噴離火箭引擎。

要留意的一點是，由於陽離子把正電荷不斷帶離火箭，火箭亦必須同時把同量的負電荷(即電子)拋離，以保持本身不帶電。

離子火箭的特點是噴氣速度高，每秒可達30至50公里，是化學火箭的10至20倍。它的缺點是推動力很微弱，以致不能從地球上升空。但在太空中經過長時間加速後，太空船可被推至驚人的速度。過去數十年來，一些無人的太空探測器在遠程飛行時

已經採用了這種推進系統。

（2）核裂變火箭(nuclear fission rocket)

要獲得更強大的推動力，科學家自然想到利用核子反應產生的驚人能量。由於核反應可分為「核裂變」(nuclear fission，原子彈背後的原理) 和「核聚變」(nuclear fusion，氫彈背後的原理) 兩大類，核動力火箭也分為兩類，兩者在設計上頗為不同。

所謂核裂變，乃不穩定的重元素分裂成較輕的元素而釋放出能量的過程。現時世界上所有核電廠的核反應堆，都是通過這一過程獲得能量的。其中最常用的燃料是鈾-235(uranium-235)。

核裂變動力火箭的原理實在十分簡單。作為推進劑的液態氫被帶動流過一個正在操作的核反應堆，高熱把氫迅速氣化，超高溫的氫氣通過噴氣口離開火箭，於是對火箭產生巨大推動力。

自1958年，美國對這種火箭展開研究，並建造了作為火箭推動器的核引擎(Nuclear Engine for Rocket Vehicle Application，簡稱NERVA)。1969年，研究人員進行了一連串引擎試驗，獲得了比化學燃燒高出數倍的噴氣速度。但由於核安全問題，加上技術和經濟困難，這項目最後取消了。

即使如此，理論上的探索仍在繼續。由於離子火箭需要源源不絕的電力供應，一個有趣的構思是「核動力離子火箭」，亦即以核能來提供離子火箭所需的電力。計算顯示，這種結合可把噴氣速度提升至每秒1,000公里。

（3）核聚變火箭(nuclear fusion rocket)

核聚變乃是較輕元素聚合變成較重元素（如氫聚合成氦）的過程。這是宇宙中最基本的能源，所有恆星——包括太陽——正是以這種反應產生能量，從而發熱發光。

由於核聚變不會好像核裂變般產生大量含有高度放射性的核廢料，而作為燃料的氫可以來自無處不在的水，所以多年來被視為一種廉宜、清潔和用之不竭的理想能源。很可惜，經過了大半個世紀的努力研究，人們至今仍然只能以極具破壞力的形式釋放核聚變的能量，那便是氫彈的爆炸。近年來，各國雖然在這方面取得了一定的進展，但距離實現「受控核聚變」(controlled fusion) 相信還有一段時間。

早於1955至68年間，一批美國科學家鑑於受控核聚變遙遙無期，於是提出了以現成的氫彈作為火箭推動這個大膽的構思。令人驚訝的是整個構想看似異想天開，理論上卻切實可行。在這

個名叫「獵戶座計劃」(Project Orion) 的研究中，一艘總重為 4.5 萬噸的太空船裝著 30 萬顆微型氫彈，每顆的威力相當於 100 萬噸 TNT 炸藥。太空船每 3 秒在船尾引爆一顆氫彈 (方案之一是以多股極高能的激光光束聚焦至一顆從船尾釋出的微型核燃料，從而製造出核聚變所需的高溫與高壓)，爆炸的猛烈力量會透過一塊異常堅固的推壓板令太空船加速。當然，在推壓板和船艙之間要裝有十分完善的防震系統，以防爆炸的震蕩造成破壞。

計算顯示，經過持續 10 天如此加速，太空船的最終速度可達光速的 3%。在可見的將來，這是人類所能達到的最高速度。然而，這計劃仍處於研究階段時，便因美、蘇所簽訂的《大氣核爆試驗禁制條約》而放棄，故始終未能進入實驗階段。

M 聚焦數學
太空旅行要花多少時間？

在太陽系內，光速的 3% 是非常高的速度，這速度可以讓我們不用兩小時便從地球飛抵火星。但我們一旦進入浩瀚的恆星世界，情況卻完全改變。與太陽系最靠近的一顆恆星是半人馬座的南門二 (Alpha Centauri)，距離是 4.3 光年。從地球出發以光速的 3% 飛行，整段旅程的時間要 143 年。

（4）星際衝壓噴射火箭(interstellar ramjet)

假如我們駕車作穿州過省的長途旅程，在路途上補充燃料是必需的。假如我們進行跨星際的旅程 (interstellar travel)，是否也有可能在途中補充燃料呢？1960 年，美國物理學家羅伯特‧畢撒 (Robert Bussard) 正按此提出了一個精彩的構想：太空船的前端只要裝有一個巨型的收集網，在高速飛行時便可收集星際空間裡的瀰漫物質，從而不斷補充飛行所需的燃料。這個設計稱為「星際衝壓噴射機」(Interstellar ramjet)。

原來星際空間雖然比地球上所能製造的真空還要空，卻並非一無所有。恆星與恆星之間，充塞著極其稀薄的氣體和塵埃。這些氣體絕大部分是宇宙中最豐富的氫和氦，而氫正是太空船所需的燃料。

衝壓噴射的原理是，船首的高能輻射炮先將正前方的星際物質轟擊和電離，電離後的物質會被收集網發出的磁場引導並吸進太空船，然後通過核聚變反應，為船隻提供強大的推動力。

（5）光子火箭(photon rocket)

　　愛因斯坦的相對論告訴我們，光速是宇宙中最高的速度。也就是說，在人類對速度的追求上，光速的每秒30萬公里是個極限。一些科學家於是提出，要達至這個極限，我們便必須用光來推動火箭。

　　這個想法聽來匪夷所思，然而早於19世紀，科學家便發現光線照射的確會對物體產生壓力，只是這種「光壓」微乎其微，在日常生活中無法被察覺。但理論上，只要光線足夠強，而物體的質量足夠輕，受照射的面積足夠大，這種光壓便能夠對物體構成一股推動力。這股力量雖然微弱，但經過長期加速後，便能達到極為接近光速的速度。

　　設想中的「光子火箭」不但具有終極的噴射速度，更具有終極效率的能源系統。因為其間所用的燃料，是可以按 $E = mc^2$ 這條「質能轉換公式」把物質徹底轉化為能量的「湮滅作用」(annihilation)。

　　在設想中，太空船有兩個燃料艙，其中一個裝的是普通物質，而另一個裝的則是由「反電子」和「反質子」等組成的「反物質」(anti-matter)。船的尾部是一面巨大的拋物形反射鏡

(parabolic mirror)，物質與反物質會被噴向這個拋物面的「焦點」（focus）並在那兒相遇。由此引發的「湮滅作用」將把兩種物質徹底轉化為高能的光子(伽瑪射線粒子)，而反射鏡會把光子集中反射，從而令太空船向前推進。

要實現這個構想，必須克服兩大難題。一個是如何製造大量的反物質？另一個是如何把這些「一觸即發」的反物質儲存起來？就前者而言，我們理論上可以透過「粒子加速器」製造反物質，但成本會極高昂；就後者而言，我們可以先把反物質電離變成「等離子體」（plasma），然後以磁場把它規限起來，使其毋須與任何物質容器發生接觸。

（6）太陽風帆與激光推送系統

光既然可以產生壓力，一些富於想像力的科學家於是想到，我們是否可以建造出一些由巨大「太陽帆」（solar sail）拖曳著的太空船，從而「乘著陽光」遨遊太陽系呢？1964年，科幻作家克拉克便根據這個浪漫的構思，創作了一個有關「太陽風帆大賽」的緊張刺激短篇故事 Sunjammer。

天文學家發現，除了發出電磁輻射波(electromagnetic wave，包括紫外線、可見光、紅外線等)之外，太陽也不斷噴發

出好像質子、電子、氦核等高能粒子。天文學家把這些粒子流統稱為「太陽風」(solar wind)。也就是說,「光帆」和「太陽帆」都是真的可以乘著「太陽風」前進的「風帆」。不錯,無論是「光壓」還是「太陽風」的推動力皆極其微弱,但它們既免費又持續,在長時間的作用下,也可達至很不錯的速度。

由於陽光和太陽風都會隨著跟太陽的距離增加而迅速減弱,上述適用於太陽系內(如在火星軌道以內)的旅行方法,將難以於遙遠的太陽系外圍應用。一個解決辦法是以人造的激光來取代太陽光,例如我們可以在木星和土星之間的軌道上建立龐大的激光發射系統,而穿梭於太陽系外圍的太空船便可以乘著這些激光來回往返。

如果我們用的激光不是在可見光波段而是在微波(microwave)波段,我們會稱之為「激微波」(maser,又譯作「邁射」)。這些激微波除了產生「光壓」外,更可向太空船直接傳送電力。這種不用自己攜帶燃料的交通方法,原理上與人類用了近200年的電車同出一轍。

「妙想」把「天開」的未來想像

在探索宇宙的道路上，光速的極限令任何「星球大戰」和「銀河帝國」的想像成為空中樓閣。人類有沒有辦法透過好像科幻小說描述的「時空摺曲」(spacetime warp) 或相對論所預言的「蟲洞」(wormhole) 以實現「超光速」星際旅行？甚至好像日本漫畫《多啦A夢》中的「隨意門」以徹底打破距離的阻隔？這是「未來的交通」中一個最大的未知之數。由於篇幅關係，這些有趣的題目只能留待大家自行探討。在此，讓筆者與大家分享一個既「貼地」又「離地」的大膽構想作結。

如果我跟大家說，我們將有一天可以乘坐升降機上太空，你是否以為我在開玩笑呢？

相信大家都聽過《傑克與豌豆》(*Jack and the Beanstalk*) 這個英國童話。話說魯鈍的傑克按照媽媽的叮囑，把家裡一頭瘦牛帶往市集出售。豈料半途被人用一袋豌豆種子把牛騙走了，回家後還被媽媽狠罵了一頓。但傑克把種子栽種後，種出來的豌豆竟然愈長愈高，最後更高至肉眼所不能見的天空。他沿著豌豆爬上天空，並在那兒有一番奇遇……

不錯，我是說這個童話中的情節有一天會成真。只不過靠的不是魔法豌豆，而是最尖端的科技。

其實「太空升降機」(space elevator) 這個概念並不新鮮。上文介紹的齊爾考夫斯基早便提出了「地球同步軌道」(geosynchronous orbit) 這個概念，亦即只要一個物體以35,800公里的「高度」環繞地球運行（地球的直徑是12,800公里左右），它的環繞周期將是24小時，因此對於地球上的人來說，它會好像固定在天空上的特定位置。今天，這個「同步軌道」已經滿布各種各樣的人造衛星，以致有「星滿之患」。

「太空升降機」的想像圖

　　早於20世紀初，便有科學家異想天開：假設我們能夠建造一條足夠長的「天梯」直達一顆這樣的「同步衛星」，我們不是可以像傑克一樣，沿著梯子直抵太空嗎？想想這會節省多少火箭發射的燃料……

　　人們很快便指出，更為現實的做法不是建造天梯，而是從處於同步軌道那兒的一個太空站，把一條纜索緩緩地放下，直至它抵達地球表面，然後將它固定下來。只要我們在纜索上裝上運載艙，我們不是可以乘坐「升降機」上太空了嗎？

　　工程師們很快指出，與地球上的纜車索道一樣，整個系統要達至力學上的平衡，我們必須沿著背向地球的一端伸出另一條纜索，然後在末端安置一個大質量的「平衡錘」（counter-weight）。

　　技術上這不算很大的問題，真正的難題是：世上沒有足以建成這條纜索的材料。

　　這是甚麼回事呢？請回顧上文的分析：物體環繞天體運行的周期，與它跟天體的距離成正比（嚴格來說是「周期的2次方」與「距離的3次方」成正比）。好了，假如我們用一條纜索把太空站和地面連接起來，那麼纜索上的每一點都應該以不同的周期（速度）來環繞地球，而不是固定的24小時。請試想一想，構成纜索

的物質所要承受的撕裂拉力將有多大？

從另一個角度看，大家可有想過，一幢百多二百層高的摩天大樓，底層所要承受的重量有多大？那麼，一幢35,800公里高的「大廈」呢？

簡單而言，要實現「太空升降機」的夢想，我們必先要製造出一種能夠承受極大壓力和拉力的超級物質。

科學家普遍相信，隨著材料科學 (material science) ——包括「納米科技」(nanotechnology) —— 不斷進步，人類終有一天能夠製造所需的材料。但有一點「細節」我們尚未考慮，那便是上落「天梯」所需的時間。

有如所有索道一樣，最合理的設計是兩個運載艙沿著兩條纜索一上一落。但載客艙升、降的合理速度該是多少呢？今天最快速的升降機可達每分鐘1,260米，亦即每小時75.6公里。以這樣的速度，從地面攀升至太空站需時約20天，這顯然是不切實際的。

大幅增加纜索的運行速度是一個解決方法，但更為實際的，可能是運載艙像磁浮列車一樣沿著纜索飛馳。假如飛馳的速度能

夠達到音速，旅程的時間可以縮短至29小時。如果達到音速5倍，更可減至6小時左右。

⬢ S 聚焦科學 ⋯⋯⋯⋯⋯⋯⋯⋯⋯⋯⋯⋯⋯⋯⋯⋯
大自然是不能被愚弄的！

你可能會說，我們只是想進入離地面數百公里的太空，根本沒有必要前往三萬多公里外的「同步軌道太空站」，那麼我們半途脫離纜索飛出太空不就可以了嗎？但你忘記了，我們在纜索上的「環繞速度」是與我們的高度不相稱的。如果我們脫離纜索，將會因為環繞速度太低而迅速跌回地球。

⋯⋯⋯⋯⋯⋯⋯⋯⋯⋯⋯⋯⋯⋯⋯⋯⋯⋯⋯⋯⋯⋯⋯

「太空升降機」會為人類打開通向宇宙之門嗎？這是「未來交通」中一個最引人入勝的題目。

結語

我們正站在歷史的轉捩點。人類能源的「去碳化」是關係著文明盛衰的頭等大事，而佔了二氧化碳總排放量近五分之一的「交通活動」是其中一大關鍵。如果「去碳」失敗，「未來交通」將會隨著文明崩潰而變成一個次要的題目，因為更重要的題目將會是「未來糧食」、「未來食水」、「氣候難民」、「氣候戰爭」等。

一些環保人士認為，為了避免環境災劫，人類必須大幅減少交通活動，甚至要回復到中世紀農村時代的牛車、馬車等的使用。筆者不否定這個可能性，但認為這應是出現了極其巨大的人道災難（如世界大戰）和文明大幅倒退之後的景象。在我看來，雖然形勢已經極其嚴峻，只要我們齊心協力，奮起扭轉現時的發展方向，這種可悲的命運仍然可以避免。

壞消息是，人類迄今所用的能源，仍然有近80%來自不斷釋放二氧化碳的「化石燃料」（煤、石油、天然氣）。好消息是，我們其實可以完全不用化石燃料，也可滿足全世界的能源需求。科學家告訴我們，地球每一刻從太陽那兒截獲的能量，較人類的

能源消耗量大上近8,000倍。也就是說，地球每一個多小內時所吸收的能量，便足夠人類一整年之用。

但請記著，無論我們發展多少「清潔能源」（如太陽能、風能等），如果其間沒有迅速減少化石燃料的使用，那麼一切也是徒然的。

除了導致全球暖化和氣候災劫外，交通所造成的資源耗費和生態環境破壞也是我們必須正視的問題。在物質資源方面，我們必須推動並最終實現仿效大自然的「循環經濟」（大自然沒有所謂「垃圾」這種事物，一切都是循環不息的）。在生態環境方面，我們必須推動「生態友善」的交通建設，並真正達到「保育與發展並重」的目標。

環保運動中有所謂3R的概念，那便是「減少使用」(reduce)、「重複使用」(re-use) 和「循環再造」(re-cycle)。後來，人們又加入了「拒絕使用有違環保的物品」(refuse) 和「將破

損的舊物品修復再用」(repair) 而成為「5R原則」。一些人則加入「廢物利用」(re-purpose) 甚至「腐壞降解」(rot) 而成為 7R。這些筆者都十分贊成，並且認為我們在身體力行之外，還必須極力敦促政府推出有關的經濟誘因和完善的配套設施，以令它們成為社會行為的主流。

但另一方面，我認為最重要的其實是另外的 2R，那便是「再想像」(re-imagine) 和「再發明」(re-invent)，並且認為包括在內的不單是物理學、化學、生物學、工程學、數學 (即狹義的 STEM) 等範疇，還必須包括心理學、社會學、經濟學和政治學的範疇。

這當然是一個十分龐大的題目，以致沒有一個人可以全面掌握。筆者的願望是，如果閣下仍在求學時期而想將來投身建設「未來的交通」，你不會畫地為牢將自己局限於純粹器物和技術的層面，而是放眼世界，了解到「交通」在社會發展中扮演的各種複雜角色。如果閣下能做到這一點，將是身為作者的我最大的滿足。

延伸探究

網上影片

1. The Future of Transport

2. The Future of Transportation

3. Vehicles of the Future

4. Transportation in 2050

5. The Transport Decarbonization Plan

6. Electrified — the Current State of Electric Vehicles

7. The Truth about Hydrogen

8. How Self-Driving Cars will Transform Our Cities and Our Lives (TED talk)

9. How Driverless Cars will change the Economy

10. The Ethical Dilemma of Self-Driving Cars (TED talk)

《維基百科》條目

1. Transport／運輸

2. Environmental effects of transport

3. Global Positioning System／全球定位系統

4. Electric Vehicles／電動載具

5. Electric Vehicles Battery／電動車電池

6. Hydrogen Vehicles／氫能載具

7. Fuel Oil／重油

8. Biofuel／生物燃料

9. Self-driving Car／自動駕駛汽車

10. Maglev／磁懸浮列車

11. Hyperloop／超迴路列車

12. Airship／飛艇

13. Spaceplane／太空飛機

14. Jet Pack／噴射背包

15. List of future transport

網上文章

1. 十大展現未來的交通工具

2. How our daily travel harms the planet

3. Cars, planes, trains: where do CO2 emissions from transport come from?

4. International Transport Forum — "De-Carbonizing Transport Initiative"

5. A Strategy to De-Carbonize the Transport Sector by 2050

6. How to Achieve a Walking and Cycling Transformation in Your City

7. 香港運輸署 — 公共交通

8. 〈香港電動車普及化路線圖〉

9. 〈地球之友：電動車路線圖半桶水 政策措施欠力度〉

書籍

1. Transport and Climate Change (2012)
   編輯：Tim Ryley 及 Lee Chapman

2. *The Future of Transportation* (2019)
   作者：Atossa Araxia Abrahamian 等

3. *The Future of Public Transportation* (2020)
   作者：Paul Comfort

4. *Human Transit* (2011)
   作者：Jarrett Walker

5. *Walkable City* (2013)
   作者：Jeff Speck

6. *Street Smart — the Rise of Cities and the Fall of Cars* (2015)
   作者：Samuel I. Schwartz

7. *Transport Beyond Oil* (2013)
   編輯：John I. Renne 及 Billy Fields

8. *Driverless — Intelligent Cars and the Road Ahead* (2017)
   作者：Hod Lipson 及 Melba Kurman

9. *Faster, Smarter, Greener — The Future of the Car and Urban Mobility* (2018)
   作者：V. Sumantran、C. Fine 及 D. Gonsalvez

10. *Bicycle Urbanism — Reimagining Bicycle Friendly Cities* (2018)
    編輯：Rachel Berney

11. 《論盡星航─由空想的科幻奇譚到切實的星際移民》(2018)
    作者：李逆熵

STEM 視野 01

作者	李偉才
內容總監	曾玉英
責任編輯	Zeny Lam
書籍設計	Marco Wong

出版	閱亮點有限公司 Enrich Spot Limited 九龍觀塘鴻圖道 78 號 17 樓 A 室
發行	閱亮點有限公司 Enrich Spot Limited 九龍觀塘鴻圖道 78 號 17 樓 A 室
電話	(852) 2793 5678
傳真	(852) 2793 5030
網址	www.enrichculture.com
電郵	info@enrichculture.com
出版日期	2021 年 10 月初版

承印	嘉昱有限公司 九龍新蒲崗大有街 26-28 號天虹大廈 7 字樓
紙品供應	興泰行洋紙有限公司

定價	港幣 $128　新台幣 $640
國際書號	978-988-77397-7-7
圖書分類	(1) 兒童圖書　(2) 科普讀物

支持環保 此書紙張經無氯漂白及以北歐再生林木纖維製造，並採用環保油墨。